KB234063

리스타트
금융투자

RESTART

리스타트 금융투자

양석조 지음

리더앤리더

올바른 금융 지식이 성공투자의 길잡이!

"이 책 한 권만 읽으면 큰 부자가 될 수 있다거나 금융 지식을 마스터할 수 있다"라고 나는 말하고 싶지 않다. 그런 말들이야말로 독자들을 현혹하는 것이라고 생각하기 때문이다. 나는 대학에서 통계학을, 그리고 대학원에서 재무학과 보험계리학을 전공한 금융 전공자로서 벌써 5년째 고객의 자산을 컨설팅하고 있다. 비록 엄청난 금융 지식을 지닌 것은 아니지만 이 분야에서 10년 이상 공부한 이론과 실제 경험을 토대로 일반인이 기본적인 금융 지식을 체계적이고 빠르게 쌓을 수 있는 길을 알려드리고 싶다.

투자의 귀재가 되기 위해서는 단지 금융 지식만 풍부해선 안 된다. 그보다 사회현상을 꿰뚫어 보는 통찰력과 자신을 제어할 수 있는 절제력, 그리고 적당한 운과 투자 자금이 뒷받침되어야만 한다. 그런 면에서 내 자신은 워렌 버핏이 될 수 없을지라도 독자들 중 누군가가 워렌 버핏이 될 순 있을 것이라 생각한다.

　최근의 경제 흐름에서는 저축과 부동산보다 채권 및 주식 등의 금융 자산이 더욱 중요해졌다. 그러다 보니 금융 지식을 필요로 하는 투자자들로부터 "어떻게 하면 기본적인 금융 지식을 쌓을 수 있습니까?"라는 질문을 자주 받는다. 대부분의 독자들 또한 금융공학이나 보험계리학 등 금융 상품을 만들 만큼의 전문적 지식은 아니더라도 금융에 대한 기본적인 지식이 필요함을 느낄 것이다. 투자자가 기본적인 금융 지식을 갖추고 스스로 투자 여부를 결정하는 것이 투자의 가장 좋은 방법이라 할 수 있다. 그렇듯 일반인이 기본적인 금융 지식을 쌓아 스스로 투자 여부를 결정할 수 있는 능력을 갖추었으면 하는 바람으로 나는 이 책을 쓰게 되었다.

　투자 자금의 주인인 고객과 투자를 제안하는 컨설턴트는 주주와 회사 경영자와의 관계에 비유될 수 있다. 이른바 대리인 관계인 것이다. 그럼에도 불구하고 나는 고객에게 최소한의 금융 지식을 전달해주면서 고객과 상담이 아닌 상의를 하고 싶다. 즉 고객들이 일방적으로 내 의견에 따르기보다는 서로의 생각을 주고받고 상의하면서 함께 자산을 늘려가고 싶다. 그렇게 되기 위해서는 고객 또한 기본적인 금융 지식을 쌓아야만 할 것이다. 그런 의미에서 고객들이 최소한의 금융 지식을 습득했으면 하는 바람이다.

　나는 원래 국민연금을 책임지는 연금계리사가 되고 싶었다. 하지만 미국에서 보험컨설턴트의 책 한 권을 읽은 뒤, 방향을 바꾸게 되었다. 10년 가량 소수의 고객을 만들어서 10년 넘는 동안 그들의 자산을 운용하여 향후 생기는 수익을 그들에게 돌려주려는 장기적인 목표를 세웠다. 구체적인 최소한의 목표는 매해 '시장 수익률 + 5%' 이며 그 이상의 수익률을 올리기 위해 최선을 다하고 싶다. 물론 그런 성공을 위해서는 때로 적절한 행운이 따라줘야 할 것이다. 내 자산보다 남의 자산을 더 소중하게 운용해야 한다는 것을 깨닫는데 많은 시간이 걸렸다. 그런 만큼 나는 철저하게 신뢰를 근본으로 삼고 싶다.

내가 이런 일을 하는 이유는 결코 큰돈을 벌기 위해서가 아니다. 그보다는 내가 가진 지식으로 혼신의 노력을 기울여 인연이 된 사람들을 돕고 싶다. 즉 그들이 돈을 합리적으로 운용하도록 돕는 길잡이가 되고 싶다. 대부분의 사람들은 자본주의를 'Money Talk' 라 여길지도 모르겠다. 그럼에도 나는 "돈보다 소중한 그 무엇인가가 있다."고 믿는 고객들을 많이 만나고 싶다. "There is something that money can not buy." 이 금언은 금융업에 근무하면 할수록 더욱 많이 깨닫게 되는 내 자신의 철학이되었다. 나 또한 지긋지긋할 만큼 가난을 경험했던 적이 있다. 그러나 가난은 삶을 불편하게 하는 것일 뿐이다. 삶의 희망은 언제나 돈이 아닌 다른 그 무엇인가에서 피어난다는 진리를 나는 경험으로 알게 됐다.

이 책은 필자의 생각을 담은 짧은 칼럼들과 일반인이 금융 지식을 쌓도록 안내해주는 금융 이론, 그리고 고객들에게 보냈던 이메일 중 일부를 발췌해서 구성했다. 한국을 대표하는 벤처 CEO인 안철수 교수는 "돈보다는 명예이고, 명예보다는 마음 편한 순서로 살아왔다."고 고백한 바 있다. 나 또한 고객과 소수의 독자를 위해서 돈에 관한 책을 썼다. 하지만

이 책이 투자자들에게 돈보다는 올바른 금융 지식을 쌓게 하고 나아가 올바른 경제활동의 밑바탕이 되어주길 바란다.

이 책은 내가 알고 있는 이론과 실제 경험을 바탕으로 해서 투자자들이 금융 지식을 쌓는 첩경이라 생각되는 내용들로만 간추려 구성했다. 그러나 어떤 투자자에게는 이 방법이 맞지 않을 수도 있을 것이다. 이 책의 내용으로 공부하는 것이 시간 아깝고 비효율적이라고 느끼는 분들에게는 절대로 강권하고 싶지 않다. 그렇게 느끼는 고객 혹은 독자분들은 다른 방법을 찾아보길 권한다.

내 삶의 등불이었던, 이제는 고인이 되신 고3 담임 이영남 선생님, 반자의적으로 펀드를 다 날려버렸음에도 나를 이해해주고 오히려 용기를 주신 고객 분들, 몇 년 후 '고객이 주인인 회사'를 만들기 위해 노력해주는 고객이자 리서치 팀원들, 그리고 최악의 상황에서도 나를 믿고 인생의 어려운 길을 선택해준 아내와 가족들에게 감사의 뜻을 전한다.

Chapter ❶ 투자자가 꼭 알아야 할 금융이야기 12가지

금융이론
Step by Step

Chapter ❸

실전! 금융 고객에게 보낸 E-mail 시황

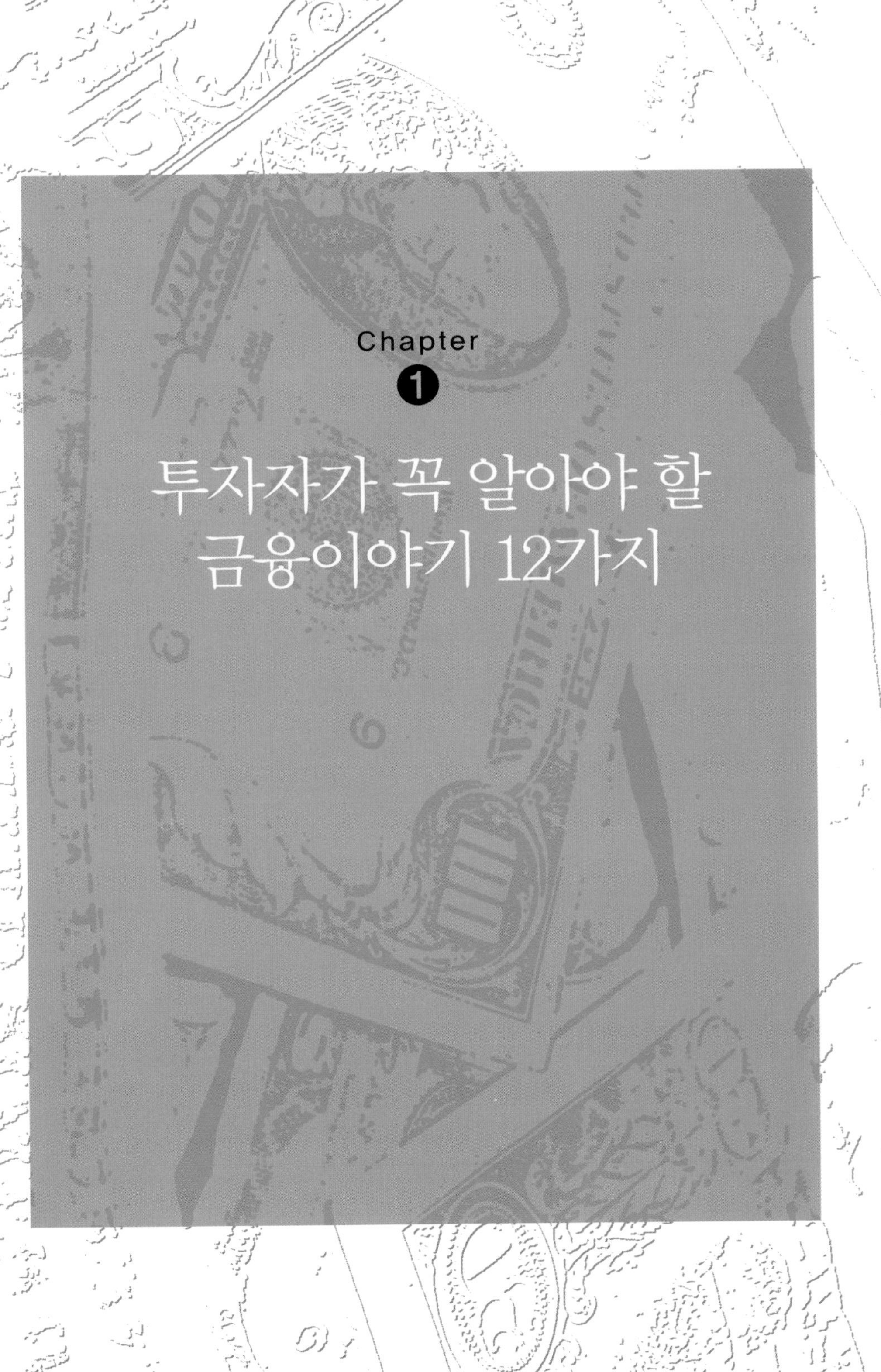

Chapter 1

투자자가 꼭 알아야 할
금융이야기 12가지

1. 복리의 마술엔 마술이 없다

'복리의 효과' 혹은 '복리의 마술'이라는 말을 대부분의 사람들은 들어봤을 것이다. 각종 언론매체에서는 복리의 효과를 누리기 위해서 장기투자를 해야 한다거나 복리가 마치 엄청난 혜택을 투자자에게 돌리는 것처럼 보도하기도 한다. 그러나 사실 "복리에는 절대로 효과도, 마술도 없음"을 알아야 한다. 일반적으로 금리는 원금에만 이자를 지급하는 단리Simple interest와 원금과 이자에 이자를 지급하는 복리Compound Interest로 나눌 수 있다. 14쪽의 그림에도 나타나듯 시간이 1년 이상이라면 기간이 길수록 복리로 받는 것이 단리로 받는 것보다 훨씬 투자자에게 유리하다.

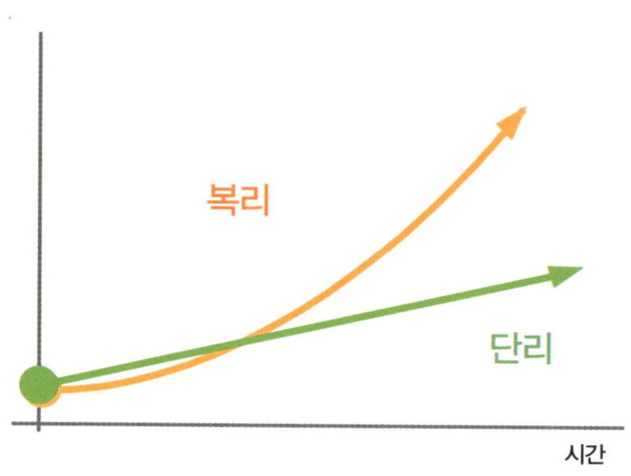

위의 그래프에서 복리는 시간이 경과하면서 분명 단리보다 급격하게 증가하고 있다. 그렇다면 분명 "복리의 효과가 있다"라고 말할 수 있지 않을까?

하지만 아래 그림을 보자. 투자자가 받는 실제 이자의 크기가 아래와 같다면 어떨까?

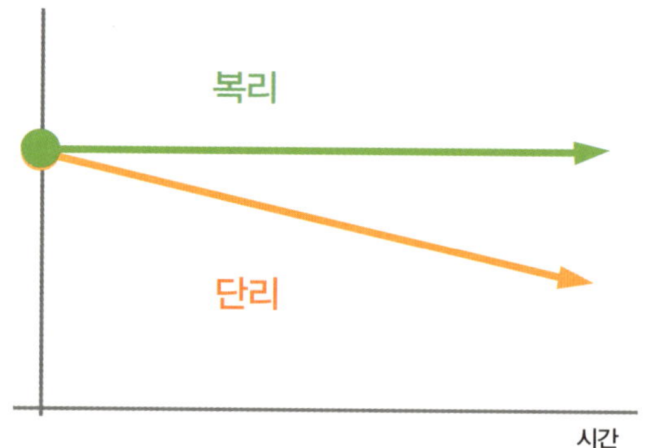

우리가 흔히 일컫는 이자 5%는 명목이자율이다. 물가 상승률을 감안한 이자율을 실질 이자율이라고 하듯이 시간이 경과함에 따라 실제로 받는 이자의 크기를 이자력Force of interest 이라고 한다. 간단히 말해 이자력이

란 시간이 경과함에 따라 실제로 받는 이자의 크기이다. 위의 그림에서 유추할 수 있는 점은 단리가 시간이 지남에 따라 실제 이자를 덜 받는 반면 복리는 시간과 상관없이 항상 동일한 이자를 받는다는 사실이다. 다시 말해 우리가 받는 실제 이자와 시간은 서로 독립돼 있어 아무런 관계가 없으며 복리는 언제나 동일한 이자를 준다는 것이다. 그럼에도 왜 '복리의 효과' 혹은 '복리의 마술' 이라는 수사가 동원될까? 다분히 마케팅적인 측면이 강하다는 게, 저자의 생각이다. 회사에서는 장기 투자를 유도하기 위해 혹은 언제나 매수 포지션을 가지고 있으면, 즉 투자자들이 펀드에 가입하면 수익이 나건 손실이 나건 적당한 수수료를 챙길 수 있다. 장기투자로 인해 발생하는 수익 혹은 손실은 투자자의 몫이겠지만 장기투자를 위한 펀드 유지는 회사에게 안정적인 Cash cow 역할을 하게 된다. 그렇다면 복리에 대한 정확한 해석은 무엇일까?

워렌 버핏은 32년간 연수익률 25%, 복리로 투자원금은 32년간 1260배
복리 5%로 10년 후에 원금 1억 원에 이자만 무려 6천만 원

위의 내용은 워렌 버핏의 연평균 수익률에 대한 신문기사 타이틀과 은행에서 흔히 볼 수 있는 연금 보험 등에의 가입 유치를 권하는 광고 문구이다. 투자의 대가인 워렌 버핏의 자금이 연평균 25%의 수익률로 운용되었다면 32년간 원금은 1260배 늘어난다. 그러므로 '복리 5%로 10년 후에 원금 1억 원에 이자만 무려 6천만 원' 이라는 내용은 아래와 같이 바꿀 수 있다.

위의 문구에는 시간에 대한 언급이 없다. 일반인들이 이해하기 쉽도록 복리를 1년 단위로 계산할 뿐이다. 즉 복리의 기본적인 개념은 시간과 상관없이 동일한 이자를 지급한다는 점에서 출발해야 한다. 아래는 모두 같은 표현이다.

저자는 '복리의 효과를 얻기 위해서 장기 투자를 해야 한다.' 라는 말이 잘못된 표현임을 지적하고 싶다. 복리의 기본적 속성은 시간으로부터 독립된 것이다. 투자 기간이 하루, 한 달, 일 년 혹은 십 년이 경과했을지라도 실제로 받는 이자의 크기는 동일한 시간과 상관이 없기 때문이다. 가장 중요한 것은 기간이 아닌 포트폴리오를 바꿀 때마다의 수익률이다. 지금 가지고 있는 포트폴리오보다 더 효율적인 포트폴리오가 있다면 얼마나 오랜 기간 동안 현재의 포트폴리오를 가지고 있었던지에 구애받지 말고 확실히 더 효율적인 포트폴리오로 바꾸는 것이 현명한 방법이다.

주식 투자의 경우 장기투자를 할수록 원금 손실이 줄어드는 것은 그만큼 변동성이 줄어들기 때문이다. 주식 시장의 하루 변동성, 한 달 변동성, 일 년 변동성, 십 년 변동성은 각각 기간이 길어질수록 줄어들기 마련이다. 변동성의 축소는 곧 위험의 축소를 의미하므로 원금 손실의 기회 또한 자연히 줄어들 수밖에 없다. 그것은 절대 복리의 효과 때문이 아니다. 복리는 시간과 별개인 독립적인 함수이다.

2. 투자가 어려운 이유

저자는 대학에서 통계학을 전공하고, 대학원 과정에선 보험계리학과 Finance를 전공했다. 컨설턴트로서 많은 고객을 접하면서도 시간 관계상 많은 이야기를 할 수 없어 지켜보기만 한 적도 있다. 내가 고객들과 만나면서 가장 안타까웠던 부분은 많은 고객들이 주식 투자에 관심을 기울이기 시작하면서 제일 먼저 이동평균선, 거래량, MACD, 파나볼릭 등의 기술적 지표에 관한 용어부터 사용한다는 것이다.

기술적 분석 혹은 차트를 통한 향후 주가 예측이 가능한 것일까? 결론부터 말하면 도움은 되겠지만 절대치는 될 수 없다. 인터넷 투자 모임, 증권TV 해설자, 수많은 기술서 등에서 차트를 통한 주가 경로에 대해 설명하려고 한다. 하지만 그것에 앞서 더 기본적으로 알아두어야 할 통계적 분포의 기본이 있다.

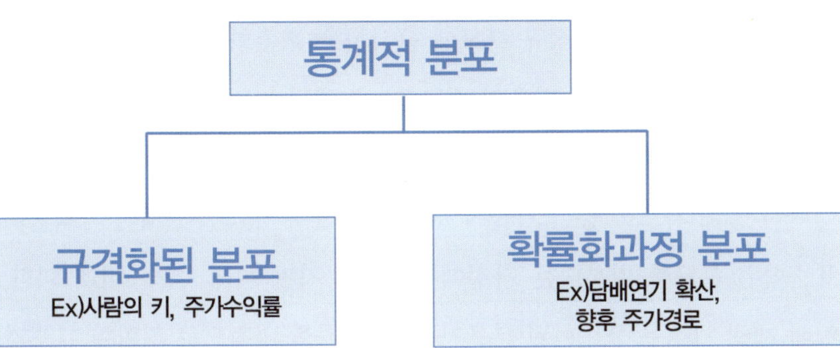

통계학에서 말하는 분포는 크게 두 가지로 나누어진다. 즉 평균과 분산이 주어질 경우 예측이 가능한 분포deterministic distribution와 담배 연기 확산, 물컵에 우유 한 방울을 떨어뜨렸을 때 우유의 확산 경로, 주가의 미래 경로 등과 같이 random화 과정에 따른 분포Stochastic process가 그것이다.

기술적 분석은 대부분 과거의 데이터가격과 거래량를 바탕으로 향후의 주가를 예측할 수 있다는 가정에서 출발한다. 그것이 기본이다. 추세에 따른 대표적인 지표들이동평균선, MACD, 파나볼릭 추세, 볼린저밴드 등등이나 횡보 장에서 활용되는 지표들RSI, 투자심리선 등등 대부분이 과거를 통해 미래를 예측할 수 있다는 가정에서 출발한다. 즉 표준화된 분포를 가정한다고 볼 수 있다. 하지만 과거 경로가 아닌 주가의 미래 경로는 지금도 정확히 밝히는 방법을 알아내지 못했다. 일반적으로 주가 로그 수익률을 모수라고 했을 때, 로그 수익률이 정규분포를 따른다고 가정할 경우 미래 주가는 GBM geometric or exponential Brownian motion으로 나타낼 수 있다. 즉 미래 주가의 경로는 표준화된 분포가 아닌 확률화 과정에 따른 초기하지수 브라우닝

모션을 따른다고 알려져 있다. 주가 수익률, 외환 수익률, 채권 수익률 등의 수익률은 대부분이 정규 분포에 근사하고 표준화된 분포에 따르지만 미래 주가의 경로, 미래 환율의 경로, 미래 채권 가격의 경로는 표준화된 분포가 아닌 확률화 과정Stochastic process을 따르게 된다.

다시 말해 차트를 통한 기술적 분석은 미래 주가, 외환, 채권 가격들이 표준화된 분포를 따른다는 가정에서 출발하지만 미래 주가, 미래 외환, 미래 채권 가격은 표준화된 분포가 아닌 확률화 과정으로 정확한 분포가 알려지지 않아서 100% 예측이 가능한 영역이 아니다. 즉 기술적 분석의 출발점 자체가 미래 주가의 경로가 갖는 확률화 과정의 분포를 가정하지 않고 표준화된 분포를 가정하는 오류를 범하고 있다.

또다른 측면에서 투자가 어려운 이유는, 소위 'High Risk, High Return' 이라고 표현되는 투자의 속성에서 찾을 수 있다. 투자를 위한 노력은 위험을 줄이고 기대 수익률을 높이는 모든 행위라고 말할 수 있다. 주가의 미래 경로는 확률화 과정을 따르지만 일반적으로 수익률에 관한 분포는 표준화된 분포를 따른다고 알려져 있다. 수익률 분포에 대한 다음의 그래프를 보자.

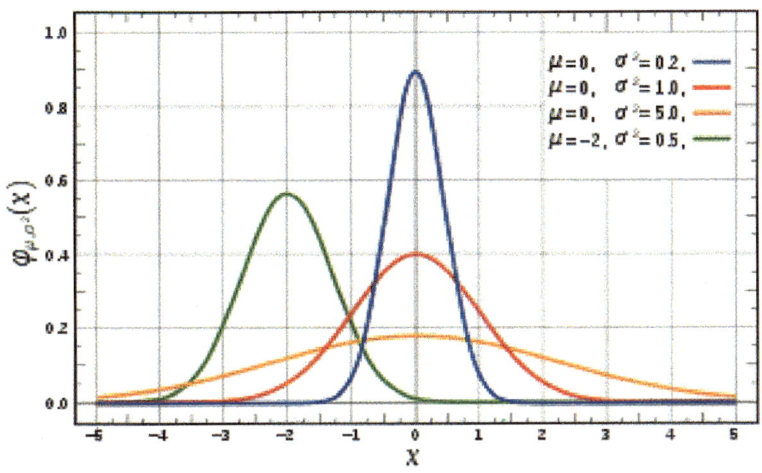

투자란 같은 위험^{분산} 조건에서 수익률을 높이거나, 같은 수익률^{평균}에서 위험을 줄이는 행위라고 할 수 있다. 투자 수익률은 평균으로 위험은 흩어짐 정도를 나타내므로 분산으로 측정이 가능하다.

수익률^{평균}과 위험도^{분산}에 있어서 녹색 그래프는 파란색 그래프보다 수익률^{평균}이 낮고 위험도^{분산}가 높다. 즉 파란색 그래프는 녹색 그래프보다 절대적으로 좋은 투자수단이다.

위의 그래프 상에서 붉은색 그래프를 표준정규분포^{평균=0,분산=1}라고 하는데, 기대 수익률^{평균}이 0이고 위험도^{분산}가 각각 0.2, 1, 5인 파란색, 붉은색, 황토색의 그래프 중에서 가장 좋은 투자 수단은 무엇일까? 이론적으로는 같은 조건의 평균 수익률^{평균}에서는 위험이 가장 낮은 파란색 그래프의 투자 수단이 좋다고 할 수 있다. 하지만 투자를 통한 최대 수익률은 그래프상으로도 1.5를 넘는 수익을 기대하기 어렵고, 빨간색 그래프의 경우 그래프 상으로 3을 넘을 수 없으나 황토색 그래프의 경우 5까지 최대 수익을 기대할 수 있다. 하지만 그만큼 손해를 볼 경우도 늘어나기 마련이다. 다시 말해 최대 기대 수익률을 늘리려면 동시에 위험$_{분산}$도 늘려야만 한다. 수익률$_{평균}$을 높이면서 위험$_{분산}$을 줄이는 작업 자체가 통계학적으로 불가능하기에 흔히 이것을 수익-분산 간의 상충관계$_{Trade-off}$ 라고 말한다.

3. 외국인의 눈으로 보라

TV방송이나 신문을 통해 증권 시황을 접할 때마다 빠지지 않고 나오는 것이 외국인 동향이다. 외국인은 분명 어느 한 사람을 지칭하는 것이 아닌데 왜 그것을 중요시 여기는 것일까?

미국계 펀드, 유럽계 펀드, 중동계 펀드 등 어디에 설립된 어느 나라 펀드이든 간에 해외 투자자들이 우리나라에 투자를 하기 위해서는 일차적으로 돈을 원화로 교환해야만 한다. 하지만 우리나라 사람들은 자신의 원화를 가지고 "예금을 할까? 주식 시장에 넣을까? 부동산 시장에 넣을까?" 정도로 고민하면 그만이다. 여기에서 가장 큰 차이가 나타나기 마련이다. 아래는 국내 투자자들의 수익 영역을 나타낸 그림이다.

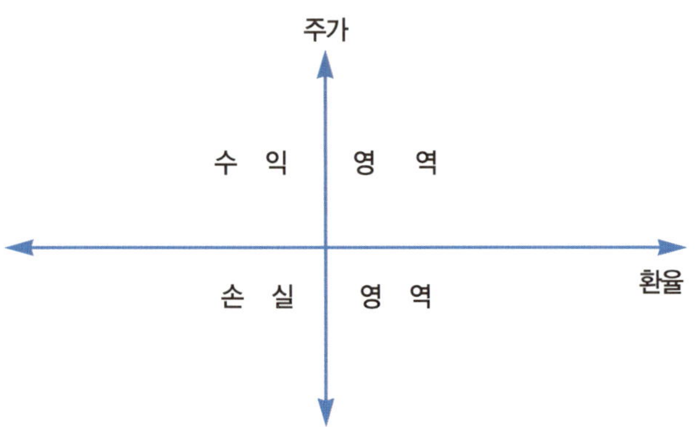

국내에선 어느 투자자가 어떠한 자산에 투자를 하건 투자자가 관심을 기울이는 영역은 수익과 손실구간이다. 자산 가치가 구입 가격보다 높기만 하면 수익 구간이 되고 자산 가치가 구입가격보다 하락할 경우 손실 구간이 된다. 즉 주식에 투자한 투자자라면 주가가 매입가보다 오르면 이익이 되고 반대로 내리면 손실이 될 것이다. 국내에서 원화만을 대상으로 투자하는 국내 투자자의 경우에는 단지 주가의 상승에 좌우되는 이익구간에만 관심이 있을 뿐이다. 즉 환율과는 아무런 상관이 없다.

우리가 BRIC's 혹은 미국이나 유럽 등 해외 주식 시장에 투자를 한다면 국내에서 해외 관련 펀드에 투자를 하든 직접 투자를 하든 자국 통화로 투자를 하는 것이 기본이다. 어느 나라에 투자를 하든지 그 나라의 기준 통화로 투자를 하고 투자금을 회수하기 이전까지는 해당국 통화가 투자에 필요한 통화가 되는 것이다.

달러를 가지고 원화로 바꾼 달러 기준 펀드의 해외 투자자가 국내에 투자했을 경우의 손익 그래프를 살펴보면 다음과 같다.

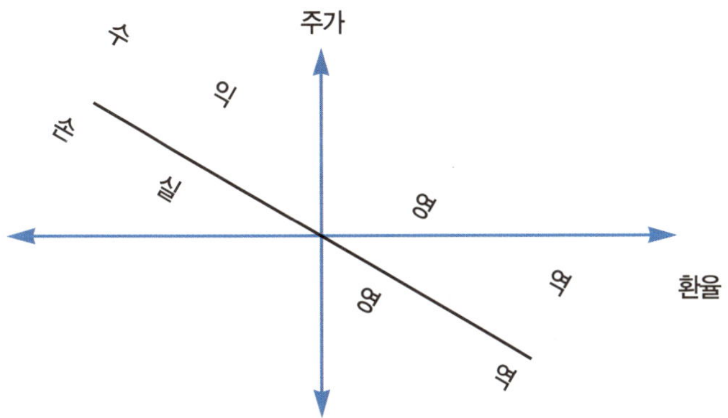

위 그래프를 보면 외국인 입장에서의 이익 영역과 손실 영역은 국내 투자자와 조금 다름을 알 수 있다.

우리나라의 주가가 2041로 고점을 찍었던 2007년과 서브 프라임 사태로 인한 2차 동유럽 부도설로 원화가 맥을 못추던 2009년 3월을 예로 들어보자.

Ex) 종합지수가 사상 최고치였던 2007년

유가 증권이 사상 최고치를 경신하던 해에 외국인은 어떠한 태도를 보였을까?

2007년 10월 10일 우리나라는 2041의 역사적 고점을 찍었다. 외국인 입장에서도 역사적 고점이었을까? 상세한 데이터를 제공하고 싶지만 지면이 허락하지 않고 기본 개념을 전달하는데 큰 무리가 없기에 2000년대 이후의 연도별 환율과 종합지수 및 외국인 순매수 동향 등에 관한 내용만으로 설명하려 한다. 아래는 2001년 이후 종가기준 환율과 주가 변화를 나타낸 것이다.

연도	2001	2002	2003	2004	2005	2006	2007	2008
환율	1313	1186	1192	1035	1011	929	936	1259
종합지수	693	627	810	895	1379	1434	1897	1124

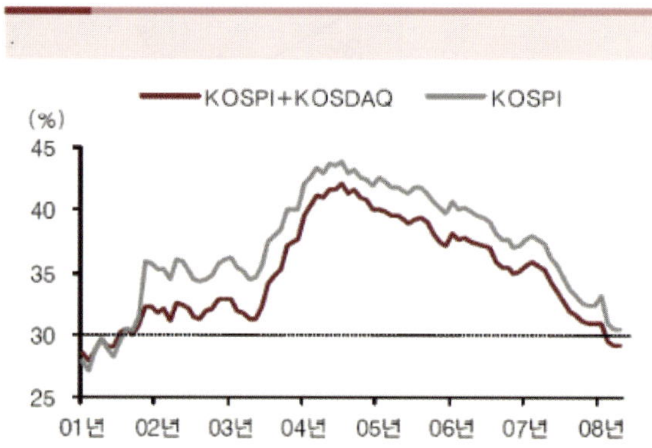

자료 : 증권선물거래소, 현대증권.

　　연도별 연말에 투자 여부를 결정한다면 국내 투자자 입장에서 가장 좋은 선택은 사상 최고치를 경신했던 2007년이 될 것이다. 하지만 외국인의 경우 2004년 중순 이후 국내 주식 보유 비중을 꾸준히 줄여나가다가 2008년 초 30% 이하로 줄였음을 알 수 있다. 국내 투자자와 해외 투자자의 주식 시장 수익률을 간단히 살펴보면 다음과 같다.

연도	2001	2002	2003	2004	2005	2006	2007	2008
환율	1313	1186	1192	1035	1011	929	936	1259
원화강세율		10%	−1%	13%	2%	8%	−1%	−35%
종합지수	693	627	810	895	1379	1434	1897	1124
지수상승률		−10%	29%	10%	54%	4%	32%	−41%

2008년 국내 투자자가 주식시장에서 −41%의 손실을 봤다면 해외 투자자는 주식시장의 손실과 원화 약세로 인하여 국내 투자자보다 훨씬 나쁜 수익을 거두었음을 알 수 있다. 외국인 입장에서 원화가 1000원대 이하로 내려오던 시점인 2005년부터 매도를 크게 강화했음 또한 알 수 있다. 즉 외국인 입장에서는 2001년에 원화에만 투자를 했어도 누적 수익이 30%를 넘는 시점이고 환율만 놓고 본다면 2006년이 가장 좋은 매도 시점인 것이다. 세심한 독자들은 평균수익률에서 국내 투자자와 외국인 투자자 사이의 괴리가 가장 크게 벌어지는 연도가 언제인지 한 번 체크해 보길 권한다.

Ex) 2009년 3월 전후의 외국인 동향

동유럽 부도설 및 일본 4월 결산월에 따른 엔화 회귀로 우려가 컸던 2009년 3월 중순 무렵의 종합 주가 지수와 2009년 월별 환율에 관한 자료이다.

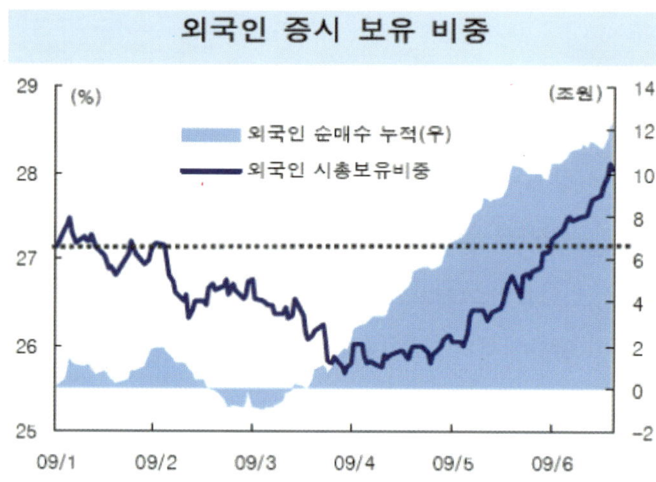

자료 : Check

　자료는 모두 시초가 아닌 종가를 기준으로 했다. 2009년 2월 말 자료를 살펴보자. 국내 투자자들에게는 종합지수 1063 정도의 주가 수준이라면 5년 전 2004년 정도의 주가와 PBR 1에 조금 못 미치는 낮은 주가 수준으로 인식될 것이다. 서브 프라임 사태 여파로 인한 동유럽 부도설 등으로 전 세계가 투자에 여전히 회의적 시각을 가지고 있었기에 국내 투자자들 또한 쉽게 다가서지 못하는 부분이 있었다. 하지만 외국인 투자자 입장에서는 2월 말이 더욱 더 매력적인 투자처가 될 수 있다.

양국의 구매력을 감안한 장기적 균형 환율이 실질실효 환율이라는 관점에서 외국인 투자자들은 2009년 2월의 명목 환율 1530원이 아닌 2-3년 내에 원화가 1100원까지 갈 것을 미리 예상할 것이다. 이처럼 장기 균형 환율에 대한 기본 예상이 깔린 외국인 투자자들은 원화에 투자한 것만으로도 20% 이상의 안전 마진을 얻는 셈이 된다. 즉 외국인은 2009년 2월 종합지수가 1060에서 20% 정도 하락할지라도 달러대비 구매력을 감안한 원화의 실질 구매력 가치를 중장기적으로 찾아가므로 1100원 정도만 회복해도 국내 투자자보다 20% 가량의 안전 마진을 확보한 셈이 된다.

이러한 통화에 대한 안전 마진은 투자의 대가들이 개별 기업의 안전 마진을 찾으려 노력하는 것만큼 까다롭지 않고 상식 선에서 결정되는 것이다. 그러므로 단기로 치고 빠지기 위한 투자자만 아니라면 중장기적으로 달러화 자산을 가진 원화에 투자해 이득을 볼 수 있는 절호의 기회였던 셈이다.

마지막으로 개인 〈 기관 〈 외국인의 관점으로 금융 시장을 바라봐야 하는 이유는 전체 금융 시장에서 Price maker^{가격주도자}가 없어서이다. 시장 참여자 모두가 Price taker^{가격순응자}이다. 하지만 보는 관점에서 보다 객관성을 유지하며 투자 금액의 크기 면에서 가장 큰 무리가 외국인, 기관, 개인의 순서이기에 외국인 및 기관의 동향을 잘 살펴볼 필요성이 있는 것이다.

독자들은 주식시장과 부동산시장만을 비교하는 국내 투자자의 습관에서 벗어나 '한국에 투자하는 것이 좋은가?'의 여부부터 고려하는 외국인 투자자의 입장에서 생각해보는 습관을 키워보길 권한다.

4. 소비자가 봉인가? – 은행

은행은 전 국민을 대상으로 파급 효과가 대단히 큰 역할을 한다. 은행의 가장 큰 수익 창출 수단은 여전히 예금과 대출 사이의 이자차익으로 발생하는 예대차익이다. 즉 '은행'이라는 사업체는 조달한 자금에 마진을 붙여 돈이라는 상품을 판다고 볼 수 있다. 이러한 합법적인 돈놀이를 위해 국가는 예금 보험 공사를 통해서 예금자를 보호해 주는 시스템을 가동하고 있다. 하지만 내가 맡긴 돈을 남에게 빌려주고 거기에 이자를 붙여 장사를 하는 사업은 큰 무리수만 두지 않는다면 손해 볼 일 없는 구조를 가졌다. 그럼에도 불구하고 2000년대의 카드 사태 등에서 알 수 있듯 은행에서 무리수를 두다 위기에 빠질 경우 결국 정부가 나서서 국민의 세금으로 보조해주는 방향으로 문제를 해결해 왔다. 지금까지 우리나라 은행들이 그런 식으로 경영되어 온 게 부인할 수 없는 현실이다.

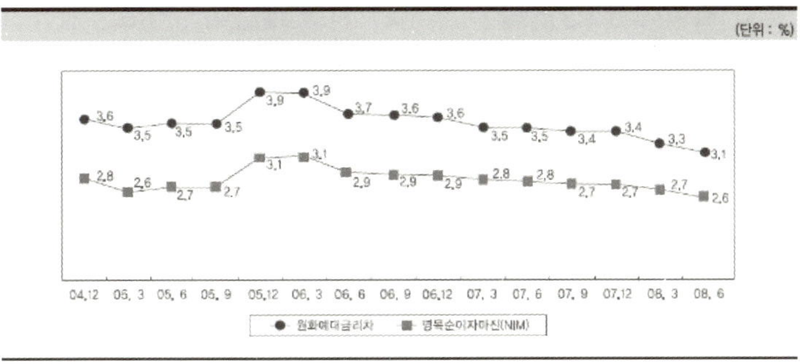

자료 : 금융통계정보시스템

본론으로 들어가서 은행이 어떻게 운영되는지에 앞서 자금 조달 측면부터 살펴보자.

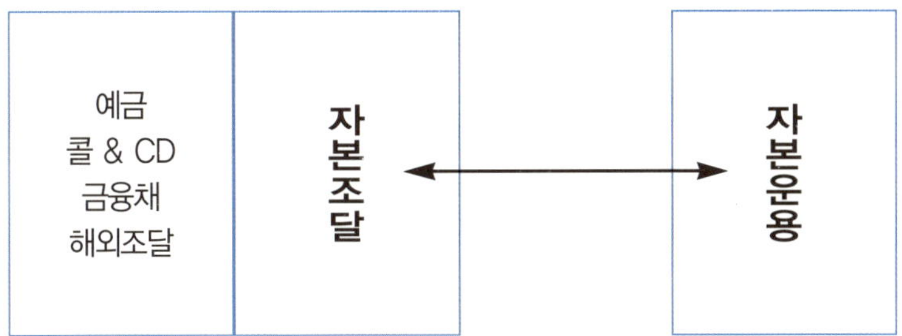

2000년대 무렵부터 시작된 저금리로 인해 우리나라에도 간접 투자 열풍이 불기 시작했다. 은행 예금은 간접 투자에 비해 상대적으로 매력이 떨어지는 투자 수단으로 여겨져 은행의 예수금들 중 상당금액이 간접 펀드로 이동하게 되었다. 은행들은 저금리로 인한 예금과 대출 이자 마진 Net Interest Margin 축소와 더불어 예치금 이탈이라는 이중고를 맞이하게 되었다. 은행 사업의 기본 특성이 자본조달 + 마진 → 대출의 시스템인데 자본 조달 측면에서 가장 많은 부분인 원화 예금이 줄었고, 저금리로 인해 마진 폭이 축소되었기에 은행들은 새로운 자금 조달 창구를 필요로 하게 되었다. 금융채권을 조달하는 방법도 있겠지만 국내 채권 시장이 그렇게 활성화 되어 있지 않았기에 은행은 주로 해외에서 자금을 조달하려고 했다. 아래 그림을 통해 그와 같은 사실을 확인할 수 있다.

자본수지의 주요 구성 항목별 추이

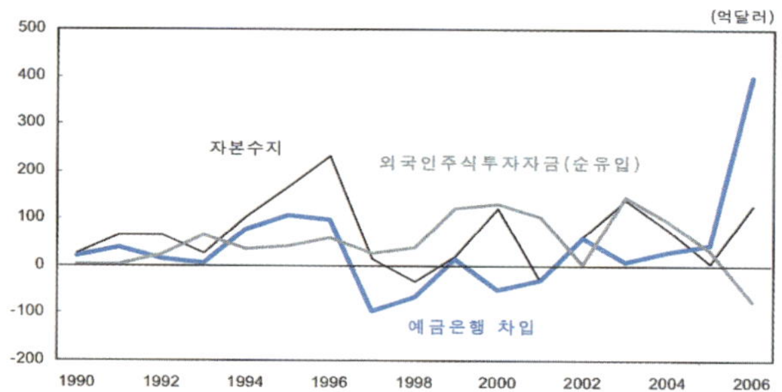

자료 : KDI 2006 김현욱(최근 은행 차입 급증과 문제점)

시중 은행의 부채 구성 추이

[표 4] 시중은행 예수부채 및 차입부채 구성 추이										(단위 : 조원, %)
구 분	2008년 6월 말		2007년 12월 말		2006년 12월 말		2005년 12월 말		2004년 12월 말	
	금액	구성비	금액	구성비	금액	구성비	금액	구성비	금액	구성비
원화예수금	450.0	56.0	422.1	57.7	416.2	61.8	393.6	65.1	377.1	66.8
외화예수금	24.6	3.1	23.6	3.2	20.4	3.0	19.7	3.3	19.7	3.5
CD	94.6	11.8	75.0	10.2	58.8	8.7	44.3	7.3	32.4	5.7
예수부채	569.1	70.9	520.7	71.2	495.4	73.5	457.7	75.7	429.2	76.0
차입부채	233.9	29.1	211.0	28.8	178.2	26.5	146.5	24.3	135.6	24.0
합계	803.1	100.0	731.7	100.0	673.7	100.0	604.2	100.0	564.8	100.0
예대비율		123.1		122.2		114.9		107.6		108.0
(현금예치금+유가증권-지분법투자주식)/차입부채		77.0		79.8		93.8		112.1		100.8

자료 : LG 리포트 2008/12/10

수치에서 보여지듯 원화 예수 부채는 2004년 76%에서 2008년 70%로 줄었고, 차입부채는 2004년 24%에서 29%로 늘었다. 물론 은행 본연의 업무가 국가 경제가 잘 돌아갈 수 있도록 자금을 저리에 조달해서 대출해 주는 자금 중개 기능이라는 측면에서 당시 은행들의 해외로부터의 자금 조달에 순기능적인 면이 없는 바는 아니다. 그러나 2004년 이후처럼 지나치게 많이 해외에서 자본을 조달할 경우, 더욱이 해외 조달 자금의 만기가 헷지가 안 된 단기 외채에 해당된다면 큰 문제가 발생할 수 있다. 은행의 담당자들이 이러한 문제점을 잘 알고 있음에도 불구하고 해외자본 조달을 통한 가계 및 기업 대출의 확대는 2007년 초까지도 지속되었다. 해외 단기성 자본 조달의 심각성은 은행권 자체적으로는 제동이 걸리지 않았고 결국 해외에서 더 이상 단기 자금을 들여오지 말라는 한국은행의 경고를 통해서야 조금 완화가 되었다.

문제의 핵심은 대형 종합 금융사를 만들기 위한 은행들 간의 몸집불리기 경쟁으로 인해서 국민 경제에서 필요로 하는 것 이상으로 부채를 발생 ^{즉 대출을 필요 이상 공급}시켰다는 데에 있다. 물론 2003년 이후에 원화 예수금이 줄고, 이자 마진이 줄어들어 은행의 수익성이 나빠진 면도 있다. 하지만 대부분의 은행들은 펀드 광풍으로 인한 펀드 수수료를 챙김으로써 이자 마진 폭 축소 이상의 수익을 거둘 수 있었다. 그럼에도 불구하고 은행들 간의 몸집 불리기 경쟁이 해외에서의 자본 조달로 이어지며 부채를 더욱 팽창시켰던 것이다.

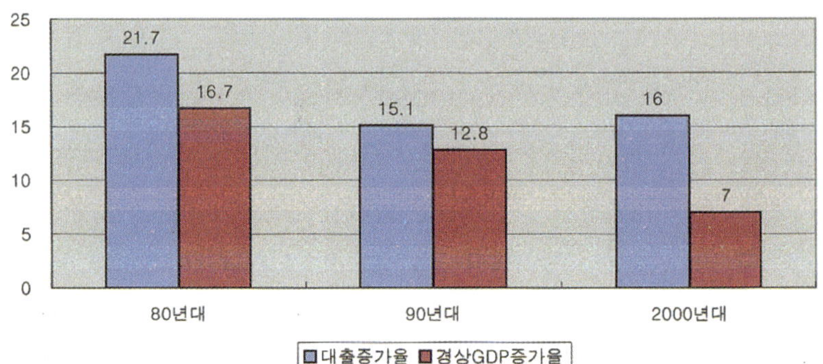

자료 : LG경제연구소 리포트(2008/12/10)

1980년대에는 명목 GDP와 대출 증가율의 차이가 5%, 1990년대에는 2.3%에 지나지 않았지만 2000년대 들어서며 대출이 급격히 증가하기 시작했다. 특히 2000년 대 중반 이후엔 대출 증가율이 명목 GDP 증가율 7%의 두 배가 넘는 16%로 그 차이가 무려 9%에 달한다. 또한 2000년대 들어서는 예금을 넘는 금액까지 대출을 해줘 은행 자체의 안정성에도 문제를 야기시키고 있다.

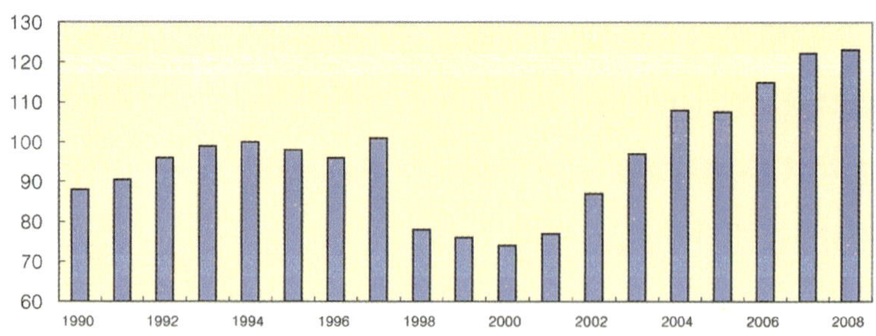

자료 : LG경제연구소 리포트(2008/12/10)

은행들이 종합 금융사를 꿈꾼다는 명목으로 무분별한 몸집 불리기 경쟁에 나서면서 대출은 급격히 팽창했다. 아직은 우리나라 경제가 충분히 감내할 수준일지라도 이렇듯 대출이 급격히 팽창한다면 향후에 큰 위기를 몰고올 수도 있다. 해외로부터 조달된 자금에 의한 부채의 급격한 팽창은 아직 미국처럼 서브프라임을 일으키지 않아서 큰 위험이 없어 보인다. 그럼에도 우리 국민들은 이미 은행들의 무분별한 몸집 불리기와 해외 자본 조달로 인해 다음과 같은 불이익을 받고 있다고 볼 수 있다.

· 적정 규모 이상의 은행의 대출은 자산 거품의 형태로 나타난다. 2004년 이후 급격히 늘어난 가계 대출은 전국적인 집값 상승 붐과 더불어 가계부채 비율을 크게 높였고 가계의 가처분 소득이 전체적으로 줄어드는 효과를 발생시켰음.

· 서브 프라임 사태가 어느 정도 진정된 이후에도 은행권의 과도한 단기 차입금으로 인해 원화의 불안 요소가 많아졌음. 이로 인해 기타 이머징 통화보다 원화가 상대적 약세를 보여 국민 대다수가 장기 균형 환율보다 높은 가격에 원자재를 써야 함.

· 대부분 은행 창구 직원들의 전문성이 부족함에도 불구하고 은행들이 몸집 확장에만 초점을 맞춰 창구에서의 펀드 가입과 보험 가입을 무분별하게 강요함으로써 펀드 가입자의 피해가 양산됨.

5. 소비자가 봉인가-증권

    펀드에 가입하는 가입자들 대부분이 유심히 살피는 게 수수료 부분이다. 대부분의 국내 펀드는 2% 미만, 그리고 해외펀드는 최대 3% 이내에서 수수료가 책정되는 편이다. 인덱스 펀드 혹은 ETF^{Exchanged Traded Fund}에 투자되는 펀드는 포트폴리오를 따로 구성할 필요가 없기에 수수료가 더욱 낮아질 것이다. 중요한 점은 우리가 알고 있는 약관상의 펀드 수수료가 전부가 아니라는 것이다. 약관상의 수수료와 별개로 실제로 펀드를 운용하는데 들어가는 실제 비용^{TER}을 따져봐야 하는데 그러한 비용까지 따져보는 고객은 매우 드물다. 이를 Hidden cost 혹은 Mirror Fund 라고 부르기도 하는데 대부분의 펀드들이 약관상 내용과 실제 들어가는 비용이 다르다. 아래는 국내에서 판매된 펀드 수수료의 예이다.

신탁보수 : 총 보수 연 2.57%(판매보수 1.75%, 운용보수 0.75%, 사무수탁 0.07%)

펀드 운용에 대한 보수보다 일회성 보수인 판매보수가 무척 높은데 이것은 향후에도 시정되어야 할 과제이지만 여기서는 논외로 한다. 약관상이 아닌 실제로 들어간 총비용TER은 금융투자협회 통계서비스 http://stat.kofia.or.kr/index/index.html에서 각 펀드별로 자세한 보수합계 및 총비용을 공시하고 있다.

운용회사	펀드명	보수율(%)	기타비용(%)	TER(%)
아이엔지자산	ING맞춤안정우량채권K-1	0.35	27.51	27.86
교보악사자산	교보악사파워러시아증권전환형	1.00	23.15	24.15
골드만삭스자산	골드만삭스마켓업채권혼합	1.50	12.92	14.42
하이자산	하이중소형주플러스증권투자	2.10	10.17	12.27
신한BNP파리바	신한BNP더드림이머징유럽증권	1.90	10.16	12.06
신한BNP파리바	신한BNP더드림중동아프리카증권	3.00	7.15	10.15
한화투신	한화Japna REITs 부동산투자신탁	0.85	9.05	9.90
미래에셋자산	미래에셋타이완디스커버리증권	2.15	6.99	9.14
PCA투신	PCA 이머징 아시아 증권	2.87	6.00	8.87
미래에셋맵스	미래에셋맵스유로배당주인덱스	1.28	6.10	7.38
KB자산	KB VPIC증권 투자신탁(주식)	3.00	4.04	7.04
삼성투신 자산	삼성글로벌엄브렐러브라질인덱스	1.96	4.58	6.54
미래에셋자산	미래에셋글로벌디스커버리에코증권	2.35	3.97	6.32
하나UBS자산	하나UBS India증권 투자신탁	1.06	5.21	6.27
한국투신	한국투자조기상환2스타1.5증권	5.57	0.00	5.57

위 자료는 총비용TER 상위 펀드들인데 다음과 같이 해서 얻을 수 있다

위 사이트 로그인 → 카테고리별 통계 → 펀드 → 보수 및 비용 → 조회 클릭

　2009년 11월 5855개의 펀드 중에서 총비용이 가장 높은 15개 펀드들이다. 불편한 점은 대부분의 자료가 다운로드 되지만 보수 및 비용 부분을 다운로드 할 수 없다는 것이다. 수수료 부분은 금융 회사들이 알리기 꺼려하는 내용이므로 확인만 할 수 있을 뿐 다운로드 할 수 없다. 때문에 내가 가입한 펀드의 실제총비용TER을 확인하기 위해서는 수고스럽더라도 직접 일일이 확인하여야 한다. 많은 펀드 가입자들이 여전히 보수에 모든 비용이 포함된 것으로 알고 있지만, 대부분의 펀드가 Mirror Fund 이므로 실제 총비용TER을 따져 봐야 한다. 그래야만 합리적인 펀드 가입자라 할 수 있다.　또 다른 측면에서 국내 펀드 가입자들이 염두에 둬야 할 점이 있다. 일반적으로 펀드 규모가 커지면 수수료가 하락해야 하고, 상위 운용사의 독과점이 전체 펀드 가입자에게 유리하지 않다는 점이다. 아래 그림을 보자.

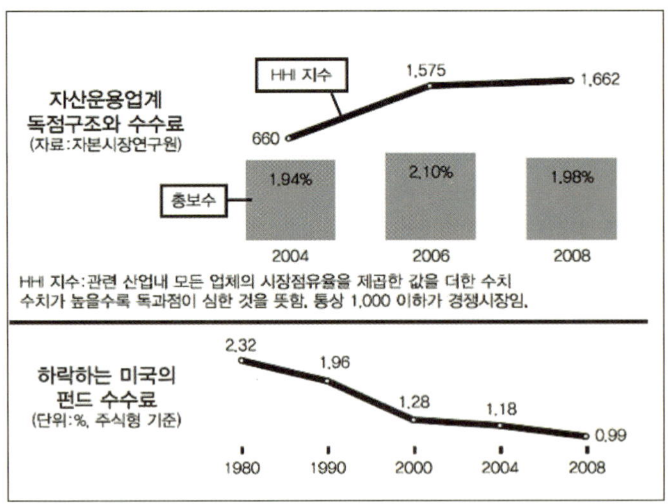

출처 : 한국일보, 2009년11월24일 기사 발췌

그림에서 보이듯 국내 자산운용사의 펀드 수수료는 미국의 두 배에 달하는 반면 펀드 시장 확대에 따른 수수료 인하 속도는 미국의 4분의 1에 머물고 있다. 그만큼 펀드 가입자에게 부담을 전가한다고도 볼 수 있다. 아래는 연도별 HHI 지수와 CR5의 변화에 대한 내용이다.

증권 산업의 집중도

	2000	2003	2008
CR5	50	45	63
HHI	697	584	1662

일반적으로 HHI 지수가 1000 이하이면 경쟁 시장으로 볼 수 있는데, 최근에 HHI 지수는 1000을 훌쩍 넘어 1662를 기록했고 상위 업체 5개 점유율의 합인 CR5도 63%나 된다. 어느 산업이든 독과점이 형성되면 기업이 가져가야 할 정상 이윤 이상을 소비자의 주머니로부터 빼앗아 간다. 국민 1인당 1개의 펀드를 보유할 만큼 펀드 시장이 활성화 되었지만 그 속내를 들여다보면 미래에셋, 삼성증권, 한국투자, 하나-대투 증권 등 상위 5개사가 전체 펀드 시장의 60% 가량을 점유하는 독과점 구조가 견고해짐으로 인해서 펀드의 운용 수수료는 인하되지 않고 있다.

그러니까 현재 펀드를 가입하는 국민 대다수는 독과점적 형태로 운영되는 증권-운용사들에게 해외보다 현저하게 높은 보수를 내고 있는 실정이다. 금융감독원이 법적인 제약을 강제적으로 가할 수도 없다. 업체들 간의 자유 경쟁에 의한 인하를 유도한다고 하지만 이미 독과점 체제를 구축하고 있는 기업들이 펀드 가입자를 위해 자발적으로 수수료를 인하하길 바라는 건 언감생심이다. 홍콩이나 싱가폴 등 펀드 투자가 활발한 지역의 펀드들은 천편일률적인 한국의 펀드들과 달리 장기 투자를 유도하기 위한 기본 투입금액 + Bonus Premium을 지급하는 등 옵션이 매우 다양하다. 한국의 몇몇 소수업체가 운용하는 적립식 및 거치식이라는 단순한 두 가지 형태보다 훨씬 다양한 구조로 이루어진 펀드에 가입할 수 있다. 해외보다 더 비싼 보수를 내야 하는 Mirror Fund들이 수두룩한 상황에서 국내에서만 펀드에 가입할 필요는 없다. 장기간 불입할 큰 금액이나, 장기 거치식으로 투자할 큰 금액이라면 해외로 나가서 가입해 보길 권한다. 미국 사람이 한국에서 펀드에 가입할 수 있듯이 우리나라 사람들도 해외에서 다양한 펀드들에 가입할 수 있는 것이다. 소비에는 결코 국경이 있을 수 없다. 현명한 소비자라면 자신에게 유리한 보다 합리적인 소비 수단을 골라야 한다. 마찬가지로 국내에 투자되는 펀드가 아닌 장기적 해외 투자를 할 생각이라면 해외 여행을 갔을 경우 그곳에서 한 번 정도 펀드 가입에 관해 알아보길 권유한다.

우리나라 간접 투자 시장에 대해 필자가 느끼는 문제점을 정리하면 다음과 같다.

첫째, 약관상의 비용과 다른 실제 총비용TER이 더 들어가는 펀드가 비교적 많다.

둘째, 펀드 가입자가 늘었음에도 펀드 수수료는 전체적으로 인하되지 않고 있다.

셋째, 시장이 몇몇 업체에 의해 독과점 되다보니 하위사들조차 상위사들 따라하기에만 급급하고, 그로 인해 소비자 선택의 폭이 좁다.

　저자는 펀드 투자에 앞서 다음을 권하고 싶다.

· 시장의 비체계적 위험을 회피하기 위해서라면 펀드보다는 ETF에 투자하라.

· 수익률만 비교하기보다는 시장대비 초과 수익을 비교하라.

· 특정 자산 관련 산업보다는 특정 자산에 투자하라.

· 장기간 해외에 투자하고 금액이 크다면 가까운 홍콩, 싱가폴 등에 가서 가입하라. 우리나라 펀드 수수료는 비싸고, 해외투자는 대부분 과세고 해외에서 가입할 경우 조세회피 지역에 설정된 펀드에 가입할 수 있고 수수료도 저렴하고 다양한 구조를 지닌 펀드에 가입할 수 있다

· 국내에서만 운용되고 과거 펀드 성과가 좋아서 사람들이 몰린 펀드에는 가급적 가입하지 말라. 몸집이 거대해지고 운용 금액이 늘었는데 시장은 그대로이기 때문에 기업가치가 나빠도 투자를 할 수밖에 없는 상황에 놓이게 된다.

· 샤프지수나 펀드 분류 사이트에서 부여한 점수를 지나치게 믿지 말라. 단지 과거 자료일 뿐이다.

· 혼합형 펀드에 가입하지 말라. 주식 + 채권의 비율을 마음대로 움직일 수 있기 때문에 시장 수익 대비 초과 수익에 대한 펀드 성과를 정확히 산출하기 힘들다. 주식형이면 주식형, 해외 채권형이면 해외 채권형으로 특정 자산에 투자하게 가입하라.

· 약관의 비용 이외에도 추가로 발생되는 비용인 실제비용을 간혹 살펴보라.

· 펀드 환매는 국내의 경우 4일, 해외의 경우 10일 정도를 예상해 환매하라.

· 펀드 가입은 적어도 1년 이상 투자한다고 생각해야 한다.

· 펀드 매니저의 직관에 의해서 폐쇄형으로 소규모 운용되는 In-sight 펀드가 아니라면 모든 펀드는 펀드 운용에 기준이 되는 모델이 있다. 그것을 벤치마크 지수라고 하는데 벤치마크 지수가 무엇인지 확인하고 벤치마크와 비교하라.

6. 소비지가 봉인가 – 보험

주사위를 던져서 1이 나올 확률은 1/6이다. 하지만 실제로 던져보면 여섯 번 중에 꼭 한 번 1이 나오지는 않는다. 그러나 무한정 반복해서 던져보면 결국 무작위 독립 시행은 주사위 1이 나올 확률 1/6에 수렴하게 된다. 이것을 흔히 대수의 법칙이라고 한다.

아래와 같은 그림의 함수를 효용 함수라고 하는데, 깊게 들어가지는 않겠다.

보험은 대수의 법칙_{The law of large numbers}과 효용함수_{Utility function}의 위험 선호, 위험중립, 위험 회피 중에서 대부분의 사람들이 위험회피자에 해당되고 이러한 위험회피를 위해 보험이 필요하다는 수학적 증명을 기반으로 하는 것이다. 보험은 경제적으로 어려운 사람들이 질병이나 사망 등의 재해로부터 보호받도록 하는 보험 본연의 효용과 장기 투자에 따른 비과세 상품_{Tax-sheltered Product}이라는 또 다른 효용이 있다. 특히 자산이 풍부한 자산가들에게는 두 번째 이유가 매력적이어서 그 명맥이 유지되고 있다.

그럼에도 불구하고 우리나라 보험상품은 왜 여전히 지인을 통해서 부탁하고 들어주는 천덕꾸러기로 전락하게 된 것일까? 직접 보험 상품을 만들었고, 현장에서 고객에게 컨설팅을 해주었던 저자의 경험을 바탕으로 우리나라 보험 시장에 대해 몇 년간 느낀 문제점을 말하고자 한다.

첫째, 해외와 비교하여 전반적으로 높은 사업비가 문제다.

보험 상품을 만드는 상품 계리실의 보험료 산출 방법서_{흔히 산방이라 함}를 보면, 수많은 수식으로 돼있어 일반인이 보기에 무척 복잡하다. 이러한 복잡한 수식을 간략하게 말로 풀어 쓰면 다음과 같다.

순보험료 = 저축 보험료_{향후 투자자에게 돌려줘야 할 책임준비금} **+ 위험 보험료**_{질병과 사망과 관련된 보험료}

순보험료는 100% 가입자들에게 돌아간다고 보면 된다. 여기에 사업비가 부가되면 가입자들이 내는 보험료가 된다. 즉 영업보험료는 다음과 같다.

영업 보험료 = 순보험료 + 사업비

　사업비는 대략 납입보험료와 사망보험금에 비례해서 부과하거나 증권당 부과하는 방식을 병행하고 있다. 보험회사들은 아래와 같이 일본식 계리체계를 가지고 있는데 사업비의 대부분을 알파가 차지하고 있기에 "알파를 얼마나 썼는가?"가 사업비의 핵심이다. 아래는 일본 보험의 사업비 부과 예제이다.

일본의 보험 사업비 부과 사례

구분		기준	비율	비고
신계약비	α	보험금 비례	10년 이상 : 25/1,000 10년 미만 : 17/1,000 − 25/1,000	계약체결 관련 제반비용
	δ	영업보험료 비례	0.1% − 2%	외무원 교육 훈련비
유지비	ν	보험금 비례	2.4/1,000	
수금비	β	영업보험료	3%	

　최근 데이터는 아니지만 일본의 경우 전체 수입 보험료 대비는 아래와 같다.

구분	1991	1992	1993	1994	1995
사업비율	15.5	15.0	14.4	14.2	13.8

자료 : 생명보험문화센터, 「1996년판 생명보험팩트북」

우리나라 생명 보험사들의 사업비는 대략 다음과 같다.

1996년	2001년	2008년
17.60%	19.50%	17.10%

국내 생명보험사들은 2008년 한 해 동안 14조원의 수입보험료 중 수입보험료 대비 17.1%인 2조3,905억 원을 사업비로 사용했다. 보험은 가입자가 늘수록 사업비가 줄어들기 마련인데 2000년대 이후 변액 상품들과 화재 보험의 장기 상품으로 인해 가입자들이 많이 늘었지만 전체적으로 사업비는 줄고 있지 않다. 그만큼 전체 소비자의 부가 보험회사로 이전된다고 볼 수 있다.

둘째, 투명하지 못한 수당체계에 대한 문제.

또 다른 문제점은 수당체계를 보험 회사가 자율적으로 정할 수 있다는 데에 있다. 보험회사는 보험모집인이 보험을 체결할 경우에 모집수당과 잔여 수당이라는 명목으로 분리해서 수당을 지급한다. 그런데 보험 상품을 만들 경우 그런 분리된 항목이 없음에도 불구하고 IMF 이전까지 지급되던 잔여수당을 IMF를 기점으로 저축 보험료의 역마진과 보험료 책정의 자율성을 인정한다는 금융 감독원의 취지로 인해서 보험회사 재량으로 수당 체계를 정하게 되었다. 결국 대부분의 보험회사는 보험 상품을 만들 때부터 해촉 이후 잔여 수당을 지급하지 않는다는 내부 규정을 신설하여 강제로 해촉하거나 해촉한 이후에는 보험 모집인에게 돌아갈 수당을 지급하지 않고 있다.

　우리나라 보험 모집인들의 전문성이 떨어지는 것은 저자도 인정한다. 하지만 보험 회사의 수당체계에서도 그 근본적인 원인이 있는 것이다. 보험회사는 보험 상품을 만들 때 보험 모집인에게 돌아가야 할 수당을 모집 수당과 잔여 수당으로 나눠서 지급할 수 있고 대부분 해촉 후엔 지급하지 않는다는 내부 규정을 두기에 최대한 많은 보험 모집인을 위촉한다. 그리고 보험 모집인이 전문성 부족 혹은 연고 부족 등으로 일을 그만 두면 남은 수당을 지급하지 않는다. 이러다 보니 보험회사들 입장에서는 최대한 많은 보험 모집인을 두는 게 유리하다.

　최근에 우후죽순처럼 생겨난 보험 대리점도 비슷하다. 보험 대리점은 여러 보험 회사 상품을 동시에 취급하는 장점이 있어 고객의 다양한 욕구를 맞추는 펀드 슈퍼마켓처럼 보이기도 한다. 소규모 소자본으로도 창업이 가능하고 보험 대리점에 소속된 모든 계약이 보험 대리점 대표의 이름으로 체결되어진다. 보험 대리점들 역시 소속된 보험 모집인을 해촉한 이후엔 돌아가야 할 수당을 지급하지 않아도 된다는 내부 규정을 두고 있다. 그러나 보험모집인이 해촉된 이후에도 원수사여러 보험 회사들들은 보험 대리점에 그들의 수당을 지급하기 때문에 보험 대리점 입장에서는 많은 모집인을 둘수록 유리하다. 최근에는 그러한 부분만을 보고 보험대리점들이 우후죽숙처럼 난립하고 있기도 하다. 물론 시간이 지나면 시장 경쟁 원리대로 고객의 이익을 위해 진정으로 노력한 보험대리점들만 살아남을 것이다. 그럼에도 보험 대리점 및 보험 회사의 현재 수당 체계는 보험회사로 하여금 최대한 많은 보험 모집인을 뽑는 데만 관심을 기울이도록 되어 있다. 그들을 전문 컨설턴트로 키우기 위한 교육은 많이 모자란 실정이다.

셋째, 보험 모집인들의 자질과 교육과정의 문제.

회사에서는 고액 계약을 체결하는 보험모집인을 우선시 한다. 또한 보험모집인은 나이가 들거나, 특별한 전공이 없어도 할 수 있는 직업이라는 인식이 지배적이다. 물론 연고를 대상으로 하는 보험 상품 세일즈도 필요하므로 그런 보험 모집인도 있어야 한다. 그러나 앞으로의 보험시장에서 살아남으려면 진정한 프로 보험 컨설턴트가 되지 않으면 안 된다. 또한 프로 보험 전문 컨설턴트가 되기 위해서는 방대한 공부가 필요하다.

어떤 분야에서 일을 했건, 나이가 얼마나 많건 적건 간에 보험회사에서는 보험 모집인을 채용하는데 주저하지 않는다. 한 발 더 나아가 새로 들어온 모집인은 대부분 한 달 정도의 내부 교육만 받으면 영업을 시작하게 된다. 단순히 위험 회피를 위한 보험 가입이 아닌 장기 투자 상품을 권하는 보험 모집인이라면 한 달 동안의 교육만으로 투자에 관한 전문성을 키울 수 있을까? 의문이 남을 수밖에 없다.

저자가 생각하는 보험 모집인은 대부분 장기 상품을 통해 계약을 체결하고 그로부터 발생한 커미션을 바탕으로 장기간 고객에게 Serve를 해야 한다. 그러기 위해서는 단기나 중장기 상품 및 가족 구성원 간의 부의 이전 문제에 이르기까지 폭 넓은 전문적 지식이 필요하다. 또한 투자형 장기 상품을 권하는 모집인이라면 고객의 부를 지키고 늘리기 위해서라도 리서치를 게을리해서는 안 된다. 경세는 쉴 새 없이 변하기 때문이다.

7. 갑-을에서 Win-Win으로
(죄수의 딜레마)-PB편

　저금리로 인해 개인은 금융 자산을 보다 효율적으로 운용해야 하는 문제에 봉착하게 되었다. 그러나 개인이 복잡하고 다양한 금융 상품 및 금융 지식을 모두 공부하기에는 무리가 따른다. 때문에 개인의 금융 자산을 효율적으로 관리해주는 조언자들이 필요하게 되었다. 이처럼 급격히 수요가 늘어나는 개인 금융 자산 조언자들의 역할을 두 번째 소득 관리자 Second Income Hnandler라 부를 수 있다. 개인이 각자 하는 일로 벌어들이는 수입은 천차만별이므로 그것에 관해서 금융 조언자들이 할 수 있는 역할은 거의 없다. 하지만 첫 번째 수입을 근간으로 하여 금융조언자들이 할 수 있는 역할은 많다. 즉 금융조언자들은 사회초년생에게는 향후 현금 흐름을 효율적으로 배분해 주고, 자산을 어느 정도 축적하였음에도 금융 자산 상태가 비효율적인 상태에 있는 중장년들에게는 보다 효율적으로 금융 자산을 보유하게 해줄 수 있다. 자산이 늘어갈수록 첫 번째 수입보다

두 번째 수입의 관리가 더욱 중요하기 때문이다.

단순화를 좋아하는 사람들은 흔히 세상을 갑-을의 관계로만 바라보기도 한다. 언뜻 보면 그럴 수 있겠지만 꼭 그런 것만은 아니다. 갑-을의 관계로 유지되는 분야만큼이나 Win-Win의 관계로 유지돼야 효율적인 분야도 많다. 8명의 게임이론 학자들에게 노벨상을 안겨주었던 게임이론 Game theory 중에 널리 알려진 것으로 '죄수의 딜레마 Prisoner's Delemma' 라는 유명한 사례가 있다.

공범인 A, B 두 명의 죄수가 있다. 자백과 부인에 따라 다음의 결과가 주어진다

1) 모두 자백 하면 5년의 형량이 주어진다
2) A는 고백하고 B가 부인하면 A는 석방, B는 10년 형에 처한다.
3) B가 고백하고 A가 부인하면 B는 석방, A는 10년 형에 처한다.
4) A, B 모두 부인하면 증거불충분으로 석방된다.

두 죄수의 입장에서 최선의 결과는 서로를 믿고 자백하지 않아 석방되는 것이다. 하지만 죄수 개개인으로 보면 다른 죄수가 무슨 선택을 하든지 상관하지 않고 자백하는 것이 유리하다. 두 죄수가 모두 자백을 하게 되면 둘 다 자백을 하지 않을 때보다 나쁜 결과가 나온다. 죄수 개인의 합리적 결정각자 고백과 집단적인 합리적 결정죄수 모두 부인이 불일치하게 된다. 가장 좋은 이익을 합리적으로 추구하는 개인들이 자신의 이익만 추구할

때, 결국에는 그들 각자에게 불행한 결과가 돌아가게 되는 것이다. 죄수의 딜레마가 주는 교훈은 "상대의 이익을 고려하지 않고 자신의 이익만 최대화하다 보면 결국 집단은 최악의 결과를 초래한다"는 점이다. 이러한 현상은 개인 생활은 물론 사회 관계나 국가 간에도 다양하게 나타날 수 있다.

· 어떻게 하면 어린 쌍둥이 형제가 조금도 불평하지 않도록 공평하게 케이크를 나눠줄까?
· 택시 운전자와 택시 경영자 양쪽을 모두 만족시켜줄 수 있는 임금 체계는 무엇일까?
· 2008년 리먼 브라더스 사태 이후 금리정책에 대한 FRB와 ECB의 결정은?

어린 쌍둥이 형제는 '형이 케이크를 자르고 동생이 먼저 선택하든지, 동생이 케이크를 자르고 형이 먼저 선택' 하면 최적의 결과를 얻게 되고, 택시 회사에서는 '택시 운전 기사에게 최소의 자금을 먼저 채우고 이후에 본인이 가져가도록' 하면 서로에게 최적의 결과가 나오게 된다. FRB와 ECB의 경우엔 함께 거의 동시에 금리를 내려 달러와 유로의 금리 차이로 인한 글로벌 금융 시장의 불안을 가중시키지 않고 안정적으로 가져가는 것이 최적의 결과라고 할 수 있다.

또 다른 측면에서 대리인문제 Agent Problem라는 것이 있다. 둘 이상의 경제 주체간에 어느 한쪽이 다른 한쪽의 이익을 위해 거래나 계약 등과 같은 행위를 할 때 성립하는 관계를 말한다. 본인–대리인 관계라고 하는데 사회에서 흔히 볼 수 있는 것이다. 주주-경영자, 가수-매니저, 소송의 뢰인-변호사 등이 이러한 본인-대리인 관계의 대표적인 케이스이다. 대리인인 경영자는 회사의 주인인 주주로부터 권한을 위임받아 회사를 잘 운영하여 많은 이익을 내야하고 이에 대한 대가로 보수를 받는다. 그런데 주주는 경영자보다 회사의 경영과 관련한 정보를 접하기 어려워 경영자가 어떤 행동을 하는지 일일이 감시할 수 없다. 이로 인해 경영자는 주주의 이익보다 자신의 이익을 위해 행동할 가능성이 크다. 경영자, 매니저, 변호사 모두 대리인문제의 전형적인 예이다. 고객-금융조언자 사이에도 이와 유사한 대리인 문제가 불거질 수 있다. 이러한 대리인 문제의 해결을 위해서는 다양한 노력이 필요한데, 그 기본은 바로 서로에 대한 신뢰이다. 그래야만 둘 모두에게 최적의 결과가 도출될 수 있다.

저자도 2008년 이러한 대리인의 문제를 경험했다. 2004년 이 일을 시작하면서는 10년 간 고객을 확보해서 내 자산과 원하는 고객의 자산만을 받아 20년 가량 운용하려고 했다. 그러나 몇몇 고객으로부터 간접 조언만 해주지 말되 10년은 너무 기니까 조금이라도 빨리 자금을 운용해달라는 부탁을 여러 차례 받았다. 몇 번을 거절하다 충분한 신뢰 관계가 형성되고 경제적 여유가 있는 일부 고객의 자산을 받아 펀드를 운용하기 시작했다. 그리고 최악의 참패를 맛보면서 끝났다. 필자가 핵심적으로 가져가려 했던 네 번의 포지션은 다음과 같다.

· 평단가 1400 이상에서의 달러 선물 매도(1350-25%, 1400-25%, 1450-50%).

· 콜금리 2%로 내리기 이전 구축효과 우려로 국채 3년 폭락시점에서 국채 선물 매수.
· Posco, LG Display 등이 연속 하한가를 맞았을 때 현물 → ELW Call 교체
· 신저가를 형성 중이던 현물_{베이직하우스, 다음, 현대모비스등} 장기 보유 전략.

1년여의 시간이 지난 지금 투자의 기본 지식이 있는 사람이라면 네 포지션 모두 엄청난 수익을 거뒀을 것이라고 생각할 것이다. 하지만 오히려 펀드를 모두 반자의적으로 날리는 결과로 치달았다. 2009년 1월 국내 금융 시장이 유동성 함정에 빠지기 이전에 몇몇 고객에게 국채 3년 선물을 3.5% 이하에서 매수하도록 권하고 펀드를 옵션에 해당되는 ELW로 가서 청산해버리는 최악의 상황으로 치달은 것이다. 단 하루도 거르지 않고 Research에 올인했고, 엄청난 수익이 눈앞에 보이는 투자수단이 있음에도 불구하고 저자의 전 재산을 포함한 펀드를 모두 날려버린 것이다.

대리인의 관계에 있는 고객-금융컨설턴트 사이는 처음부터 신뢰가 구축되기 힘들고, 정보의 차이로 인해 서로의 견해가 다를 수도 있다. 하지만 장기간 서로의 파이를 함께 확대하고 효율적으로 이끌어내 최적의 결과를 얻기 위해서는 죄수의 딜레마에서도 알 수 있듯이 '서로의 신뢰'가 가장 먼저 구축되어야 한다.

물론 대리인 문제는 정보의 차이 면에서도 결코 완전하게 해결될 수 없기에 충분한 감시도 필요하겠지만 최선의 선택을 위해서는 서로 믿고 신뢰할 수 있어야 하는 것이다. 고객과 금융컨설턴트, 결코 갑-을 관계가 아닌 Win-Win 관계가 되어야 파이를 늘릴 수 있다.

8. 기본적 분석 VS 기술적 분석

주식, 환율, 채권, 원자재 등 모든 투자 수단의 투자 분석은 크게 두 가지로 나뉜다. 흔히 말하는 기본적 분석과 기술적 분석이 그것들인데 간략하게 설명하면 다음과 같다

기본적 분석 Fundamental Analysis : 기업 가치에 영향을 미치는 기업의 내적 요인, 외적 요인에 대한 분석을 통해 내재가치(Intrinsic Value)를 찾는 것을 말한다. 환율이라면 미시경제와 거시경제와 양국의 물가상승률, 통화량 등을 기초로 하고, 채권이라면 시장의 자금 수요나 중앙은행의 정책이나 국채 발행 물량 등을 토대로 현재 거래되는 가격에 의한 자산가치가 아닌 내적 가치를 찾으려는 것이다. 내적 가치는 분석가에 따라 달라질 수 있다.

기술적 분석 Technical analysis : 주식 시장을 비롯한 금융 시장을 분석하

고 예측하는 기법 가운데 하나로 주로 가격 그래프(차트)를 이용해 분석하는 것을 말한다.

"닭이 먼저냐 달걀이 먼저냐?" 하는 문제처럼 기본적 분석과 기술적 분석 중 어느 것이 더 신뢰감 있다고 단정할 순 없다. 기본적 분석에 충실한 사람들은 기술적 분석을 비판하고 기술적 분석을 옹호하는 사람들은 가격과 거래량 등 모든 것을 반영하는 차트를 신봉하며 기본적 분석을 비판한다. 어느 것이 더 효율적일까? 효율적인 분석 수단을 떠나 다음과 같은 측면에서 두 가지 분석 방법 모두 단점을 가지고 있다.

기본적 분석의 단점 : 기본적 분석의 가장 큰 틀은 현재 시장에서 거래되는 자산의 가격이 아닌 내적 가치를 찾으려는 데서 출발한다. 그렇다면 어떤 정해진 내적 가치가 있다는 뜻일까? 예를 들어 10명의 애널리스트들에게 개별 기업의 내적 가치를 산정하라고 하면 답이 같을까? 아마 10명 애널리스트 저마다의 대답이 틀릴 것이다. 왜냐하면 애널리스트들이 향후의 예상 주가 혹은 내적 가치를 구하는 과정에서 대부분 예상치의 교집합을 구하기 때문이다. 예상치들의 교집합이라는데 주목하자. 예를 들어 향후 순이익을 예상하기 위해 5가지 정도를 예상하여 산정한다면 A × B × C × D × E의 5가지 요인의 곱의 예상치가 최종 순이익을 예상하는 값이 될 것이다. 각 요인마다 예상 오차가 5% 이내여서 95% 예상을 했다고 할지라도 $0.95 \times 0.95 \times 0.95 \times 0.95 \times 0.95 = 0.77$이 나온다. 즉 각 요인을 95% 가량의 높은 신뢰성을 가지고 예측했다고 할지라도 예측 요인이 늘어날수록 최종 예상치는 점점 더 떨어지기 마련이다.

PER, PBR, EV/EBIDA 등의 배수 모형을 통해 예측을 하든지 혹은 기업 고유의 할인율을 적용하여 내적 가치를 구하는 할인 모형을 적용하든지 간에 모든 요소마다 예측을 위한 변수가 들어간다. 이러한 변수들로 인해 내적 가치에는 주관적인 요인이 상당히 많다.

기술적 분석의 한계 : 기술적 분석은 차트를 통해 분석하려는 것인데, 가격과 거래량을 기본으로 한다. 복잡한 듯 보이는 차트가 그려지기 시작하면 과거의 가격과 거래량으로 미래의 가격을 예측할 수 있을 것이라 생각한다. 앞 절에서 통계적 분포는 표준화된 분포 Deterministic Distribution와 표준화가 아닌 확률화 과정 Stochastic Process이 있는데 미래의 주가는 전자가 아닌 후자를 따름에도 불구하고 차트는 표준화된 분포마냥 과거의 데이터를 통해서 미래의 주가를 예측하는 것이라 언급한 바 있다. 즉 차트를 통한 분석은 출발점부터 통계학적으로 정확하다고 볼 수 없다. 만약 차트를 통해 미래 가격을 예측할 수 있다면, 차트를 충분히 공부한 사람들의 미래 주가는 모두 같아야 한다. 그렇다면 미래에 주가 변동이 있을 수 있을까? 그리고 개별 주식, 전체 주식 시장, 환율 시장, 채권 시장 모두가 다른 속성이 있는데 차트는 모든 것을 동일하게 취급한다. 필자 또한 차트를 활용하지만 차트 분석은 가격과 거래량에서 출발하므로 코스닥에 상장된 작은 기업보다는 우량기업, 환율 시장, 채권 시장 등에서 차트를 활용하기를 권한다. 왜냐하면 차트는 가격과 거래량이라는 누적된 데이터가 충분히 커야만 통계적 오차를 줄일 수 있기 때문이다. 최근에는 작전 세력들이 차트를 만들어가면서 작전을 하는데, 시가총액이 적은 기업을 적은 거래대금으로도 충분히 움직일 수 있기 때문이다. 반면 시가총액이 큰 기업, 환율 시장, 채권 시장은 몇몇 투자자들의 의지대로 가격과 거래량을 만들어 낼 수 없다.

기본적 분석 그리고 기술적 분석 모두가 장단점을 가지고 있는데 저자는 대부분 기본적 분석에 보다 많은 시간을 할애하고 기술적 분석을 보조 수단으로 삼는다. 하지만 그 어떠한 분석 방법에도 정답은 없다. 다시 말해 100% 확신할 수 있는 분석 방법은 존재하기 힘들다. 사회과학은 수학과 달리 정답이 없다. 때문에 오류를 줄여가는 자신만의 방법을 찾는 것이 가장 중요하다.

투자를 잘하는 사람은 기본적 분석과 기술적 분석 중 무엇을 더 잘하는 사람일까?

저자가 생각하기에 정말 투자를 잘하는 사람은 기본적 분석이나 기술적 분석을 잘하기보다 '사회에 대한 통찰'이 깊은 사람이다. 때론 유명한 애널리스트보다 차트 한 번 본 적도 없는 평범한 아주머니가 높은 수익을 올리는 것도 가능하다. 즉 '사회적 통찰력'이 높은 사람이라면 전문 투자자보다 더 높은 수익을 올리는 것도 충분히 가능하리라 본다. 다음의 예는 저자가 직접 겪었던 경험이고 몇몇 고객들에게 말했던 내용이다.

· 자전거 관련-자전거 주식이 테마를 형성하기 이전에, 우리나라에는 웰빙 열풍과 더불어 건강을 챙기려는 사회적 풍조가 있었고 상장된 자전

거 주식은 국내의 독점 회사였다. 서울 등 대도시의 교통 체증을 완화하기 위해서도 자동차 운행을 줄이는 쪽으로 최대한 교통수단을 분산시킬 필요가 있었다. 아쉬운 점은 필자가 고객에게 권했던 시점이 너무 빨랐다는 것이다.

참좋은레저(094850)　2007/4-2009/11 주봉

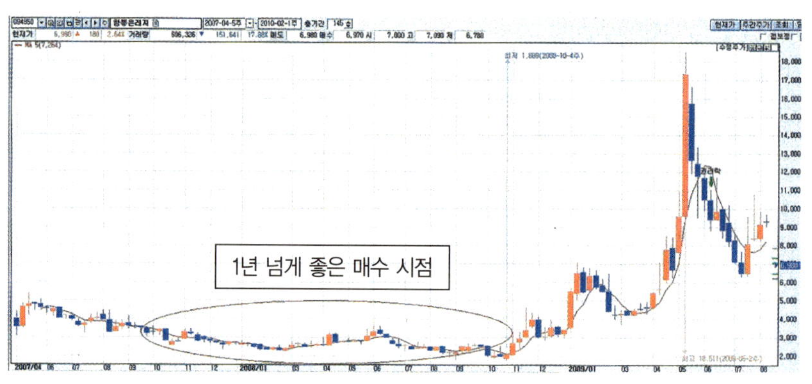

· 신종플루-단기 테마에는 평소 별다른 관심을 기울이지 않았다. 하지만 신종플루가 발생하고 우리나라에도 감염자가 생겼다는 뉴스가 보도된 이후 관련주들이 올랐다가 잠시 잠잠해지자 다시 하락하였을 무렵이다. 영국 BBC에서 제작한 세계적 전염병에 관한 프로그램을 본 적이 있다. 그 프로그램에서 경고하기를 세계적 전염병은 1차로 유행한 이후에 백신을 100% 보유하고 있지 않으면 6개월 이내에 2차로 더욱 대대적인 유행을 할 것이라고 했다. 프로그램이 방영된 몇 개월 후에 신종플루는 다시

전국적으로 확산되었고 신종플루 관련 주식들은 지엽적이던 1차 때보다
더 높게 고가를 형성했다. 아래 그림에 나타나듯 4월 무렵 1차 발발 이후
6개월 정도의 잠복기를 거치며 전국적으로 다시 확산되었다. 즉 1차 발발
이후 주가가 하락했던 잠복 기간 동안은 좋은 매수 시점이었다.

중앙 백신(072020) 2009/01 - 2009/11 주봉

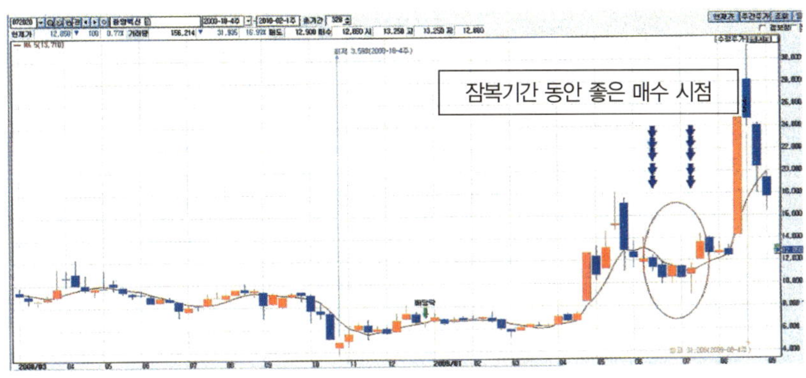

· 투자에 전혀 관심도 없는 평범한 주부가 일본에서 10년 넘게 살다가
한국에 돌아왔다. 그녀가 저자에게 "여윳돈이 있다면 엔화를 다 사고 싶
어요. 일본이 분명 더 잘사는 것 같은데 일본에선 남편 급여로 4인 가족이
살 수 있었는데 한국에선 남편 급여로 살기가 훨씬 힘들고 물가도 일본보
다 훨씬 비싼 것 같아요"라고 말했다. 그 시점은 원화가 엔화에 초강세를
보여 780원 정도 하던 무렵이었다. 이후 엔화는 서서히 오르기 시작해 불
과 2년도 안 돼 서브프라임과 함께 급등을 해 엔화 대출자는 고난의 시간
을 보내야 했다. 비슷한 경우로 저자의 누나는 미국에서 20년 넘게 살고

있는데 원/달러 환율이 900원 초반이던 2008년 초에 한국에 왔다. 그녀는 "달러가 이렇게 값어치 없는지 몰랐다. 한국에서 쓰려고 예금해뒀던 원화를 달러로 바꿔서 미국으로 가져가 쓰는 것이 좋을 것 같고 이젠 한국 물가가 더 비싸서 뭐든지 미국에서 사야겠다"라는 말을 했다. 그러나 그 이후 서서히 반등하던 달러는 서브프라임과 함께 1년 사이에 50프로 이상 절상되었다.

평범한 주부가 20년간 달러가 가장 싸다고 느낀 시점

그렇다면 사회적 통찰력은 어떻게 키울 수 있을까? 정답은 없다. 다만 사회 현상과 시대적 트렌드에 지대한 관심을 갖고 사람들의 삶의 패턴이 변화하는 과정을 관찰하며 "새로운 기술이 도입될 경우 삶이 어떻게 달라질까?"를 고민하고 예상할 수 있는 상상력을 기르고 기본적 상식을 많이 쌓아야 한다. 숨가쁘게 돌아가는 사회현상에 대해 끊임없이 관심을 갖고 질문을 던지고 생각하는 방법 밖에는 없다.

때때로 평범한 사람들이 금융 전문가보다 더 높은 수익을 올릴 수 있는 곳이 바로 금융 시장이다. 아무리 전문 지식이 많은 금융 시장 참가자라도 그것만으로는 높은 수익률을 보장할 수 없는 것이다.

9. 변액종신, 전환사채, 시가총액,
   콜옵션은 형제다

금융 상품을 만드는 과정을 Pricing이라고 하는데, 금융의 기초를 쌓기 위해서는 대부분 수학이나 통계 등의 자연과학이 밑바탕 되어야 한다. 그러나 어느 정도 금융에 관한 공부를 하면 이름과 형태만 조금씩 다를 뿐 기본적 구조가 비슷한 상품들을 많이 접할 수 있다.

고객들을 만나보면 간혹 파생상품에 투자하고 있는 사람을 주식에 투자하는 사람보다 더욱 전문 투자자로 여기고 마찬가지로 은행만을 거래했던 사람은 오랜 기간 주식 투자를 해온 사람을 전문 투자자로 여기는 분위기가 있는 듯하다. 특히 대부분의 사람들이 보험 분야에서 일하는 금융 전문가를 주식이나 파생상품 분야에서 일하는 전문가보다 비전문적이라고 느끼는 분위기마저 있다. 하지만 앞서도 말했듯이 체계적으로 금융을 공부하다 보면 금융 분야 간에는 유사성을 많이 발견할 수 있다.

대부분의 금융 분야에서 중요시하는 것 중의 하나가 변화량을 측정하는 것이다. 2장의 이론 편에서 설명하겠지만 금융에서는 변화량 측정하는 것을 매우 중요시 여기는데 이름만 달리 표현될 뿐이다. 예를 들면 아래와 같다.

- 이자력 Force of interest ： 시간당 실제로 받는 이자의 변화율(금리)
- 사망력 Force of mortality ： 시간당 실제 사망자의 변화율(보험수학)
- 듀레이션 Duration ： 이자변화율에 대한 채권 가격의 변화율(채권)
- 베타 Beta ： 전체 주식 시장 민감도에 대한 개별주식 시장의 민감도(개별주식)
- 델타 Delta ： 기초 자산 변화 대비 옵션 가격 변화율(옵션)

개념을 조금 더 확대해서 아래 그림을 보자.

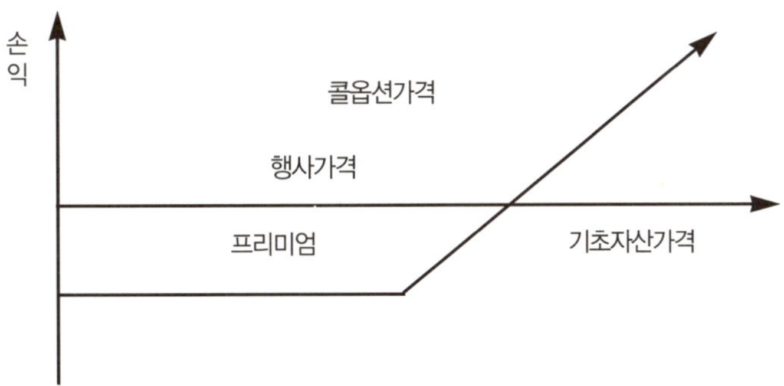

위의 그림은 콜 옵션의 전형적인 만기 구조를 나타낸 것이다.

옵션에 관해 기본적인 개념이 있는 투자자라면 위의 그림을 쉽게 이해할 것이다. 개별주식 옵션이라면 만기에 행사가격보다 주가가 높다면 옵션의 가치는 주가 상승만큼 올라가게 되고 만기에 행사가격 이하로 된다면 옵션 매수 대금인 프리미엄은 휴지가 된다.

콜옵션의 만기 구조와 같은 형태는 보험, 채권, 주식에서 동일하게 찾을 수 있다.

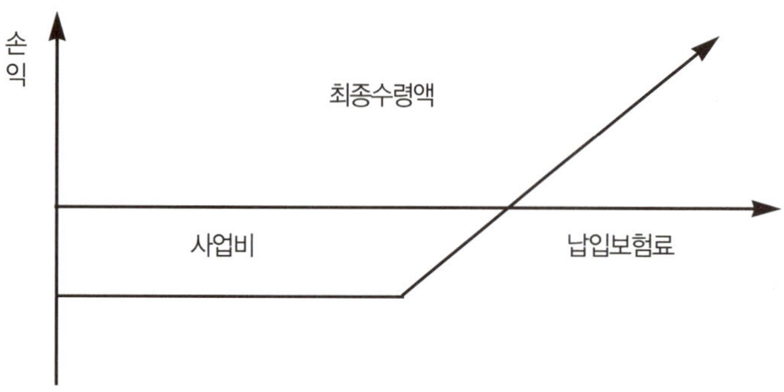

납입 보험료와 옵션 매수 대금을 동일하게 Premium이라고 부르는데 옵션은 만기가 한 달이고 보험은 보험 가입자의 사망이나 100세까지라는 점이 다르다. 옵션은 행사가격 이하에서 주가가 형성될 경우 옵션 매수금액만큼 손실이 한정되지만 만기 이익은 무한정이다. 보험은 중도에 해지할 경우 사업비 부분만큼 손해를 보게 되고 정해진 사업비만큼 차감된 이후 만기까지 가져갈 경우 사망보험금 + 특별계정금액 − 사업비의 최종수령액을 받을 수 있다.

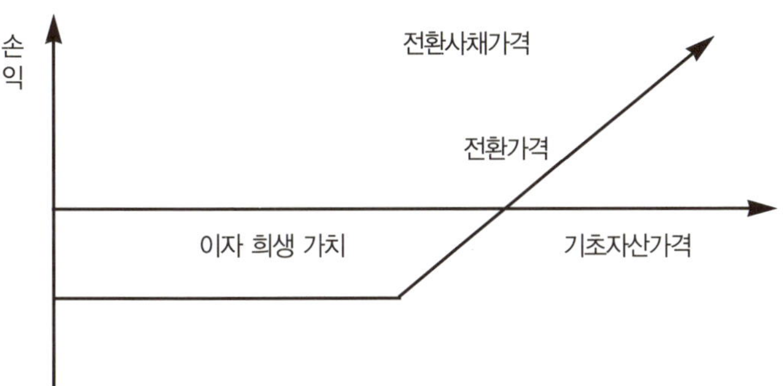

전환사채는 이자를 조금 덜 받는 대신 주식으로 전환할 수 있는 권한을 채권에 부여한 것이다. 전환 사채는 만기에 전환가격 이상으로 주가가 형성될 경우 채권을 주식으로 전환할 수 있고, 만기에 주가가 하락할지라도 이자를 조금 덜 받을 뿐 채권이 부도가 나지 않는 한 원금을 보전할 수 있다.

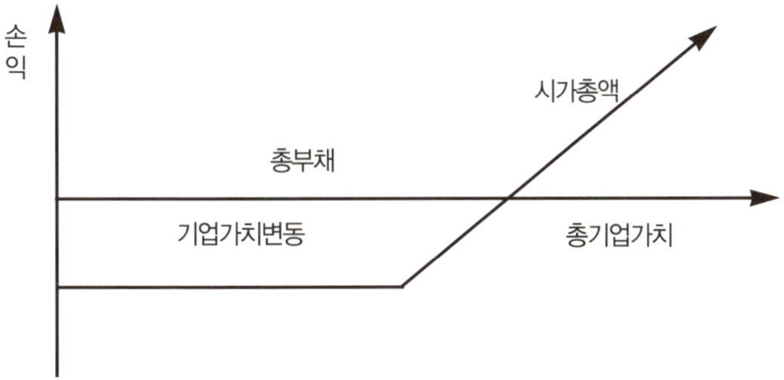

위의 모델은 콜옵션 모형에 기업가치 모형을 대입한 것으로 흔히 부도

확률을 구하기 위하여 종종 사용되는 것이다. 수식을 떠나 간략하게 부도를 기업의 가치가 부채보다 작을 확률이라고 보고 이것은 콜옵션에서 행사가격 이하와 같다고 볼 수 있다.

최소의 Premium을 내거나, 이자를 희생^{전환사채}하거나, 주가 변동성에 대한 대가를 치르거나^{시가총액 모델} 간에 기초 자산에 따라 만기 구조가 결정되는 상품들의 만기 구조는 결과적으로 같음을 알 수 있다.

저자가 말하고 싶은 것은 금융 상품에 대해 기본적인 이해를 하고 장점과 단점을 파악한 후, 투자자 자신에게 알맞은 투자 수단을 골라야 한다는 것이다. 보험 상품은 나쁘고, 채권의 정확한 개념은 잘 모르겠고, 주식은 사두면 불안한 것 같고, 옵션을 한다면 망하거나 대박이 날 것이라는 막연한 귀동냥만으로 금융 상품을 대해서는 안 된다.

예컨대 값비싼 옵션 매수 대금^{Premium}을 지급하더라도 향후 주식 시장의 급등이 예상되고 시간상으로도 가속도가 붙을 것이라면 옵션이 가장 좋은 투자 수단이 될 것이고, 이자를 조금 덜 받고 원금은 보존하더라도 몇 년 후 해당 기업의 주가가 크게 상승할 것이라면 채권보다는 전환 사채가 더 매력적인 투자 수단이 될 것이다. 즉 다양한 금융 상품들 중에서 파생상품이라고 해서 무조건 더 좋은 상품도 아니고 기간이 가장 긴 데다 순보험료에 사업비가 더해지는 보험 상품이라고 해서 무조건 나쁜 상품이라 할 수도 없다.

주식 시장, 채권 시장, 보험 시장, 파생상품 시장 등에서 많은 상품들이 쏟아져 나오고 있고, 금융 관련 종사자들도 늘어나고 있는 만큼 금융상품에 대한 기본적인 지식을 쌓고 장단점을 잘 파악해 자신에게 맞는 투자 수단을 찾는 게 무엇보다 중요한 것이다.

투자자들 가운데엔 보험 상품에 대해 푸념을 하는 이들이 많다. 그러나 저자가 보험 상품을 만드는 계리 업무를 했던 만큼 보험 상품도 잘 찾아 보면 괜찮은 상품들이 있음을 말하고 싶다. 예를 들어 IMF 이전에 보험 회사의 연금을 많이 들었던 사람들은 지금도 여전히 10% 이상의 고금리로 연금혜택을 받게 될 것이고, 또한 당시의 평균 수명보다 지금은 더 길어져 이중 혜택을 얻게 될 것이다. 화재 보험의 장기 보험 상품군에 대한 인식이 확대되기 이전에 가입한 가입자들은 아주 적은 금액으로도 100% 실손 보상의 혜택을 받을 수도 있다. 아직도 괜찮은 보험 상품들이 많이 있지만 투자자들 입장에서는 웬만큼 시간이 지나야 알 수 있을 것이다.

그렇다고 독자들에게 어떤 상품이나 투자 수단을 권유하고 싶지는 않다. 그것보다 금융 상품에 관해 친숙해지길 권한다. 금융 상품의 영역을 배타적으로 볼 필요는 전혀 없다. 투자자의 목적하는 바가 무엇인가에 따라 투자자 스스로 결정할 수 있는 시야를 넓혀가길 권한다.

10. 대기업과 사라져가는 동네시장

정부에서 인위적으로 인플레를 유발하면 급여 생활자의 부는 어떻게 늘어날까?

인플레는 총자산을 실물자산만으로 가진 자산가에게는 유리하게 작용할 것이고, 예금이나 임금만으로 생활하는 급여 생활자처럼 현금성 자산을 가진 사람에게는 실질 임금 하락과 예금의 실질 가치 하락으로 인하여 불리하게 작용할 것이다.

넓은 의미에선 급여 생활자의 명목임금 자체는 채권^{정해진 기간 동안 이자만 지급하고 만기에 원금을 지급하는 것}이라고 볼 수 있다. 매월 받는 급여를 원금에 대한 이자 지급으로, 퇴직 시점에서 받는 퇴직금을 원금으로 볼 수 있고, 연봉제에서 매해 퇴직금을 정산하는 것 또한 향후 미래 현금 흐름이 어느 정도 고정되어 있기에 채권과 유사하다고 볼 수 있다. 하지만 다른 점은 채권이 향후 현금 흐름을 현재 시점에서 거래하는 반면 임금은 향후에 받을 것을 지금 거래할 수 없다는 것이다. 미국이나 영국 등을 제외하면 대부분 개별 국가의 통화 발행은 중앙은행에서 결정하게 된다. 통화량을 늘려 정부에서 인위적으로 인플레를 유발하게 되면 실물 자산을 보유한 사람은 유리하고, 채권자는 불리하고 채무자는 낮아진 통화가치로 인해 이득을 보게 된다. 급여 생활자는 자산 대비 현금 가치가 하락하게 됨으로 인해서 그 만큼 향후에 들어올 실질 급여가 줄어드는 효과가 발생한다. 더 넓은 의미에서 정부 주도의 인플레는 국민의 부의 일부를 정부로 이전하는 효과를 발생시킨다. 이에 대한 상세한 설명은 지면 및 독자의 지적 호기심을 위해 남겨두고 본론으로 들어가려 한다.

해방 이후 우리나라의 경제 성장은 눈부실 정도였다. 1960년대에 1인당 국민소득은 79달러로 현재가치로 환산해도_{연4%,50년} 1인당 GDP 561달러로 하루 1.54달러에 지나지 않는다. 아래 도표에도 나타나듯 세계에는 아직도 1-2달러로 하루를 살아가는 사람들이 많다.

지역	1일 1달러 기준				1일 2달러 기준			
	인구(백만명)		인구비율(%)		인구(백만명)		인구비율(%)	
	1990	2001	1990	2001	1990	2001	1990	2001
동아시아	472	271	30	15	1,116	865	70	47
동유럽, 중앙아시아	2	17	1	4	23	93	5	20
중남미	49	50	11	10	125	128	28	25
중동, 아프리카	6	7	2	2	51	70	21	23
남아시아	462	431	41	31	958	1,064	88	77
사하라 이남 아프리카	227	313	45	46	382	516	75	77
합계	1,218	1,089	–	–	2,655	2,736	–	–

자료 : Sachs(2005) 참고

해방 이후 6.25전쟁을 겪은 전쟁의 폐허 위에서 우리나라가 일군 눈부신 경제 성장은 세계의 이목을 집중시켰다. 2009년에는 ODA^{Official Development Assistance:공적개발원조}를 지원받았던 나라들 중에서 사상 최초로 ODA 공여국이 될 만큼 성장하였다. 그 동안 우리나라의 경제계발을 간략하게 표현하면 다음과 같다.

전후대외원조 → 경공업 육성 → 중화학 공업 육성 → IT 및 전기 → 자유 경쟁

경공업만으로는 경제 성장의 한계에 봉착하자 유신을 전후한 시점에 정부 주도로 중화학 공업을 집중 육성하기 시작하였는데, 대기업이 중화학 공업의 토대를 닦기 시작한 시점도 이와 비슷하다. 정부는 수출 주도형 경제 성장 모델을 채택해 중화학 공업 집중과 이를 위한 고환율 정책^{원화 가치 하락}을 실행하여 대기업을 집중 육성했다고 할 수 있다. 최근 2008년 초 원/달러 환율이 950원대에 머물고 있던 시점에도 강만수 당시 경제 수장은 수출주도형 국가이기에 어느 정도 원화 약세를 용인하겠다는 무지(?)한 발언을 했다. 이로 인해서 서브프라임 사태와 맞물려 원화가 한 해 50%가 넘는 약세를 보이는 단초를 제공하였다. 우리나라가 전반적으로 꾸준히 대기업 위주의 수출 주도 환율 정책을 펴온 것은 주지의 사실이다. 환율 변화에 따른 수출 주도의 상장 대기업의 이익 증가를 살펴보면 다음과 같다.

기업명	환율 1원 상승시 이익 증가분	상관계수(%)	2008년 영업이익(예상)
삼성전자	183억	81	9조 8,845억
LG디스플레이	173억	59	3조 6,575억
LG전자	53억	33	1조 8,385억
현대차	45억	70	2조 4,038억
기아차	7억	18	3,297억

출처 : 한국일보 6월 14일자 재인용(자료 : FN가이드, 솔로몬투자증권)

정부 주도의 대기업 육성과 수출주도형 산업 모델은 수출입 관세 부과에서도 수출을 촉진하고 수입을 최대한 억제하는 방향으로 부과되었다. 즉 완제품의 수입비율은 줄이고, 농산품 및 중간 가공품을 늘리는 관세 정책을 유지해 왔었다. 산업별 수출과 수입의 비교 경쟁력 지수라고 하는 무역 특화 지수를 잠깐 살펴보자

무역 특화 지수 = (수출 − 수입)/(수출 + 수입)

무역 특화 지수는 최소 −100에서 최대 100의 값을 가지게 되고 그 값이 클수록 수출이나 수입 등 균형 무역이 아닌 한쪽에 치우쳐 있음을 나타낸다. 아래는 우리나라의 산업별 무역 특화 지수이다.

	1980년	1985년	1990년	1995년	2000년
농림수산품	−45.87	−52.63	−58.09	−69.13	−76.12
음식료품	−33.23	−17.24	−34.1	−39.9	−40.27
석탄	−100	−100	−100	−99.99	−99.97
원유 및 천연가스	−100	−100	−100	−100	−100
전기전자	−6.27	3.95	21.52	31.81	20.73
자동차 및 부분품	27	42.11	39.81	57.92	75.3
선박	6.73	79.6	60.27	58.67	62.8

출처 : 한국조세연구원(2004)

자동차와 선박 부문 그리고 전기 전자 부문 모두 20여 년 동안 수출이 수입보다 크게 증가했다고 볼 수 있다. 부존자원이 거의 없는 우리나라는 농산품이나 원유나 석탄 등을 대부분 수입에 의존해야만 했다.

수출주도형 국가가 되기 위해 정부가 고환율 위주의 대기업 우호 정책을 편 결과 전기 전자, 선박, 자동차 등 중소기업이 진출할 수 없는 분야의 대기업들은 크게 성장할 수 있었다. 이런 정책이 세계 시장에서의 경쟁에서 우위에 설 수 있도록 하는데 큰 역할을 한 것은 사실이다. 하지만 정부가 환율 효과 및 관세를 통해 국내의 산업을 보호함으로써 소비자들의 선택의 폭을 좁히고 대기업에게 가격이나 품질 면에서의 독점적 지위를 제공함으로써 소비자의 부가 일부 대기업으로 이전된 것 또한 자명한 사실이다. 구체적인 수치까지 유추하기 위해선 보다 많은 학문적 연구가 필요할 것이다. 그러나 일례로 국내에서 해외 자동차들이 판매되기 시작한 것은 불과 몇 해 전 일이다. 국내 소비자들은 국내 자동차 메이커가 경쟁력을 갖추기 이전까지 오직 국내 자동차만 타야 할 만큼 선택권이 없었다.

수출주도형의 의도적 고환율 정책은 대기업 육성을 통한 국가 경쟁력을 높이는 측면이 있었다. 그럼에도 불구하고 우리나라 국민들은 대기업을 육성하기 위한 정부의 수출주도 정책으로 인해 모든 국민에게 파급효과가 큰 쌀 이외의 농산품, 음식료, 원유 및 석탄 등의 품목들을 장기 균형 환율보다 높은 단가로 수입해서 썼다고 할 수 있다.

즉 정부의 수출 주도 전략에 의한 관세 정책과 완제품 수입을 최소화_{소비자의 선택권을 제약}하게 함으로 인해 대다수 국민들이 필수품인 음식료, 농산품, 원유 등을 적정 수입가보다 높게 사서 쓰고 있고, 그만큼 전체 소비자의 부의 일부가 대기업으로 이전되는 효과가 있는 것이다.

그런 의미에서 우리나라 대기업들은 기업 자체의 역량과 기술력으로 성장한 측면도 있겠지만 경쟁력을 키우기 이전까지 일정부분 국민들과 정부로부터 커다란 혜택을 누리면서 성장한 측면도 있는 것이다. 기업의 사회적 역할의 중요성을 감안해 볼 때 우리나라 기업들의 사회에 대한 공헌이 현재 얼마나 활발한가 한 번 정도 생각할 필요도 있다.

선진국의 Global 기업들과 달리 국내 대기업들은 정부의 막대한 지원과 국민들의 희생이 뒷받침되었음에도 불구하고, 최근에는 동네 슈퍼마켓까지 자본주의 논리를 앞세워 경영하려 하고 있다. 어느 대기업 총수의 후계자는 "경쟁에서 뒤쳐지고 소비자에게 선택되지 못한다면 결국 시장에서 퇴출되기 마련"이라는 요지의 기자회견까지 했다. 개구리 올챙이 적 모른다는 속담이 결코 남의 말이 아니다. 그렇다면 대기업들은 자신들이 과거 정부의 지원과 국민들의 희생을 받아가면서 성장할 때는 최근의 기자회견에서처럼 '완전 경쟁'이니 '퇴출'이니 하는 말들을 할 수 있었을까? 정부에서 환율이나 관세 등으로 보호막을 쳐주지 않아도 된다고 자신할 수 있었을까? 이런 씁쓸한 생각을 밝히는 것은 정글 논리로 모든 것을 무마하려는 일부 대기업의 행태가 국민 경제 전체에 결코 도움이 되지 않기 때문이다. 그저 매출 규모와 기업 규모만 큰 대기업이 아닌 역사와 전통을 만들어가면서 사회적 부를 창출해 국민 대다수에게 사랑받는 진정 '큰* 기업'이 우리나라에도 빨리 나타나길 기대한다.

11. FRB는 세계를 움직이는
　　　보이지 않는 손

　　투자에 관심이 있는 사람이라면 세계 경제가 결국 미국의 달러화 VS 비달러화 자산의 각축임을 느낄 수 있을 것이다. 주도자들이 달러를 많이 풀거나^{달러화 약세}, 다시 흡수^{달러화 강세}하면서 세계 경제를 쥐락펴락 하고 있는 것이다. 명목 환율이 아닌 주변 교역국과의 구매력을 감안한 환율을 실질실효 환율이라 하는데 76쪽 그림에도 나타나듯 글로벌 금융 위기 시대에는 달러화가 강세를 보이고 있다. 실질실효 환율은 기준연도를 기준으로 100 이상이면 고평가 영역으로 100 이하이면 저평가 영역이라 볼 수 있는데 달러의 유동성을 마음대로 조절할 수 있는 미국 FRB^{미국 연방 은행}야말로 '보이지 않는 손'으로 불리는 시장의 가격 자율 조정 기능보다 때론 더욱 강력하다고 느껴진다.

　　가장 안정적인 통화로 여겨지는 달러화는 이유를 막론하고 글로벌 금융위기가 발생할 때마다 강세를 나타냄으로 인해서 달러화 보유자 입장에서는 상대적으로 저렴해진 비–달러화 자산을 싸게 사들일 수 있는데, 그런 달러화의 유동성을 조절할 수 있는 FRB는 그야말로 무소불위의 보이지 않는 세계 최고의 권력을 가졌다고 볼 수 있다.

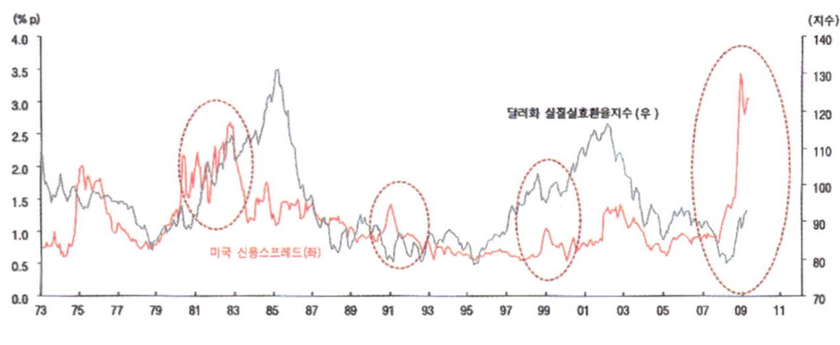

자료 : Thomson Datastream, CBO, 하이투자증권

저자는 유학시절 독실한 크리스찬인 누나에게 "왜 God bless all of the world 가 아닌 God Bless America인가?" 라고 물었던 적이 있다. 흔히 "신은 미국에 1달러 지폐를 줬다"라는 경구는 신이 미국에게 기축통화 지위를 부여함으로써 축복을 줬다는 말이다. 기축통화가 누리는 강력한 지위를 흔히 세뇨리지 seigniorage라고 하는데 이것은 서브프라임 사태에서도 확인된다.

기축 통화가 지닌 막강한 지위는 첫 번째 금융 위기에서 찾아볼 수 있다. 일반적으로 개별국가가 GDP대비 5%를 넘는 경상적자를 버텨내기는 어렵다. 이러한 경상적자가 누적될 경우 대부분의 국가들은 금융 위기를 겪기 마련인데, 이때 IMF가 금융 위기에 관여할 경우 차관을 공여한다는 명목으로 대부분 아래와 같은 사항을 권고한다.

· 해외투자자금 유출을 막기 위한 고금리 정책.
· 부실 기업의 정리 및 강력한 기업 구조 조정.
· 투자 활성화 및 수출 활성화를 위한 인위적인 환율 약세 정책.

하지만 기축 통화인 달러화를 가진 미국의 금융 위기 사태에는 어떠했는가?

· 달러화를 무한 방출_{저금리와 양적완화 정책} + 국제적 공조를 도모한 국제적 저금리.
· AIG와 GM 등 미국 대표 기업들은 무한정 방출된 달러로 미국 정부에 의해 구제됨.
· 기축 통화로서 대표적 안전자산으로 인식되어 달러화 강세가 시현됨.

미국을 제외한 대부분의 국가에서 금융 위기 사태가 발생하면 그 나라들의 자산_{주식,채권,통화}은 대부분이 황폐화된다. 더욱이 IMF 구제 금융을 사용할 경우 혹독하리만치 가혹한 조치를 받아들여야 하고 기업 구조 조정이라는 명목 하에 대부분의 자국 기업들이 해외 기업 사냥꾼들에게 넘어가 버리고 만다. 세계 최강대국 미국이라는 가장 큰 자본주의 회사는 달러라는 강력한 기축 통화를 바탕으로 제 3세계에 원조라는 이름으로

교육을 시켜주고, 산업 계발을 도모하고 선진화를 이루도록 도와주는 듯
하지만 실상 마음만 먹으면 금융 위기라는 사건을 일으켜 일순간에 오랜
기간 실물 경제를 활성화시킨 나라의 기업이나 자산을 '땡처리' 가격으
로 해외 자본에 팔도록 조치할 수도 있다.

둘째로 기축통화가 가진 강력한 권한은 외환 보유고에서도 찾아볼 수
있다.

주요국의 외환보유액 (2009년 9월 기준 단위 : 억 달러)

순위	국가	외환보유액
1	중국	22,726
2	일본	10,526
3	러시아	4,134
4	대만	3,323
5	인도	2,803
6	한국	2,542

출처 : 한국 은행

적정 외환 보유고에 관한 정확한 학문적 결론은 없다. 하지만 해외 단
기 부채를 상환할 수 있을 만큼 최소한의 외환 보유고를 유지해야 할 필
요성이 있으므로 비 달러화 경제권에서는 외환 보유고라는 명목으로 엄
청난 자산을 금고에 넣어둬야 한다.

대부분의 외환 보유액 상위 나라들을 보면 일본을 제외하고 집안 살림

이 넉넉한 편이 아니다. 우리나라의 경우만 해도 2008년 GDP를 대략 1조 달러라고 한다면 GDP 대비 25%를 혹시나 모를 사태에 대비하여 금고에 보관하고 있는 것이다. 1년간 국내 총 생산의 25%나 되는 금액을 기축통화가 아니라는 이유로 만일의 사태에 대비하기 위해 준비를 해둬야 한다. 원화로 환산하면 달러당 1150원을 기준으로 했을 경우 292조 원에 해당된다. 전체 국민을 4500만 명으로 잡았을 경우 국민 1인당 650만 원에 해당된다.

한국 외환 보유액   (2009년 9월 기준)

달러 기준	원화 환산	국민1인당	2008년 GDP	2009년 예산	국가총외채
2542억 달러	292조 원	650만 원	9291억 달러	268조 원	360조 원

2009년 우리나라 예산은 세계적 불경기에 대비한 강력한 재정 확장 정책으로 인해 지난해보다 크게 높아진 268조 원에 이르지만 그것보다 24조 원이나 더 많은 292조 원을 외환 보유고로 유사시를 위해 대비하고 있다. 원유 수입이나 단기 외채 상환을 위한 긴급 자금을 제외한다 하더라도 금융 사태가 아닌 일반적 상황에서는 절대 적은 외환 보유고라고 할 수 없다.

우리나라의 경우 만약 이러한 외환 보유고를 저소득층이나, 영세 중소기업 혹은 교육에 투자할 수 있다면 경제적 부를 창출할 수 있을 것이고, 중국의 경우 해안선이 아닌 중국 내륙 본토에 교육, 인프라, 산업 활성화 등에 집중 투자할 수 있다면 더 빠른 경제적 성장과 안정을 이룰 수 있을 것이다. 그러나 기축 통화권이 아니므로 비효율을 무릅쓰고라도 천문학적인 금액의 외환 보유고를 기축 통화를 견제하기 위해 준비해둬야 하는 것이다.

중요한 핵심은 미국이 가진 기축 통화 달러의 위력이 중앙 정부 혹은 미국 의회에 의해서 결정되는 것이 아니라는 점이다. 미국 연방 은행FRB은 국가 기관이 아니다. 2000년대 초반에 은행에 최소 지급 준비율을 거의 없게 만들어 미국 주택에 버블을 형성하게 만들었던 앨런 그린스펀이나, 무한정 달러 방출제로 금리와 양적 완화 정책로 달러를 뿌리고 다닌다고 해서 헬리콥터라는 별명을 얻은 버냉키 FRB 현 의장은 국가 기관이 아닌 민간 단체의 수장이다.

전 세계를 쥐락펴락하는 미국의 달러화는 미국 중앙 정부 혹은 미국 국회에 의해서가 아니라 FRB라는 독립된 민간 단체의 수장을 포함한 12명의 이사진에서 달러 금리와 달러화 정책을 결정하게 된다. 이러한 FRB 지분은 미국에서 가장 오래된 금융 가문인 Morgan일가가 대주주로 소유하고 있다.

세계 경제는 달러화 방출 여부에 따라 순환되는 시스템이 꽤 오랜 기간 지속되어 왔다. 금융 위기라는 사태에 대비하기 위하여 비 달러화 국가는 외환 보유고라는 비효율적 비상 준비금을 마련해 둬야 하고, 외환 보유고만큼 생산적 활동에 재투자하지 못하는 비효율성을 가지고 있다. 때문에 유로화 및 아시아 단일 통화 등이 달러에 대항하기 위한 통화 전쟁을 벌이고 있다. 또한 달러화의 방출 여부를 결정짓는 FRB는 국가 기관이 아닌 민간 자본이고 FRB 지분의 가장 큰 대주주 지분은 100여 년 전부터

미국 금융을 장악해 왔던 Morgan ❶ 일가가 소유하고 있다. 결국 세계 경제
는 일정 부분 기축 통화 권력을 가진 미국의 민간단체에 의해 조종되어진
다고 볼 수 있다.

12. 부채 자본주의와 유러피안 드림

경제의 3주체라고 할 수 있는 가계, 기업, 국가의 경제 운영의 목적은 조금씩 다르지만 크게 보면 투입 비율 대비 output을 늘리는 것이라 할 수 있다. 다시 말해 출력-입력의 차이 여부에 따라 개인의 부, 기업의 이윤, 국가의 GDP 등이 늘거나 줄거나 할 수 있다. 이 책의 대부분이 금융 자산의 효율적 운용을 위한 금융 기초지식을 제공하는 내용으로 채워져 있지만 여기서는 조달 부분에 대해 말하고자 한다. 국가는 약간 그 목적이 다르지만 기업, 가계는 모두 최소의 비용을 들여서 최고의 Output을 거두는데 경제 운영의 목적이 있다.

즉 "어떻게 투자 수익률을 높일까?"의 관점도 중요하지만 자본주의는 부채를 발생시키고, 자본을 조달하는 비용에서 1차적 부의 편차가, 자본 수익률 극대화에 따라 2차적 부의 편차가 갈라지므로 "얼마나 적은 비용으로 자본을 조달하느냐?"의 관점 또한 중요하다.

가장 안정적이라 할 수 있는 은행에서 예금자들이 동시에 인출을 원할 경우 은행은 예금 인출을 감당할 수 있을까? 금융 위기 등으로 예금자들이 동시에 인출하는 것을 Bank run이라고 하는데 이런 Bank run 사태가 동시다발적으로 일어난다면 대부분의 은행이 부도에 처할 것임에도 은행은 가장 안전한 금융 기관으로 자리매김하고 있다. 최근의 서브프라임이란 세기적 금융 위기로 인해서 100년이 넘은 투자 은행인 리먼브러더스가 부도났는데, 미국 투자 은행들의 레버리지는 30에 가깝다. 레버리지 30은 내 돈 100원으로 3000원의 투자를 하고 있다는 의미이다. 아래는 2008년 12월의 자료이다.

금융기관별 레버리지

기관별	평균 레버리지
외국계 IB – 메릴린치, 골드만삭스, 모간스탠리	28배
외국계 은행 – BOA, 시티, JP모간	15배
국내 증권사 – 대우증권, 삼성증권, 우리증권	6배
국내 은행 – 국민은행, 신한은행, 하나은행	18배

자료 : 동양종금리서치센터

위의 표에 나타나듯 대부분의 금융 기관들이 엄청난 레버리지로 영업 활동을 하고 있다.

한국은행에서 은행들에게 돈을 풀면^{본원 통화}, 은행은 최소한의 지급준비금을 제외하고 대출을 통하여 시장에 통화를 공급할 수 있다. 대략 우리나라 은행들은 20배 전후의 통화 승수를 보이고 있는데, 중앙은행은 본원 통화를 통하여, 일반 시중 은행은 20배 전후로 통화량을 늘리는, 이른바 레버리지를 일으킬 수 있다.

시중 은행은 중앙은행을 통해서, 국가는 국채 발행을 통해서, 회사는 회사채를 통해서 부채를 조달 혹은 팽창시키고 있다. 미국과 같은 선진국에서 발행하는 부채^{국채 이자}와 KOREA라는 이머징 국가에서 발행하는 부채비용^{국채 이자}이 다르듯이 삼성전자에서 조달하는 부채비용^{회사채 이자}과 아직 상장이 안 된 중소기업의 부채 조달 비용^{Junk Bond 이자}이 다르다.

일선에서 고객들과 상담을 하다 보면 "차입은 절대로 하지 않겠다"라는 사람들을 종종 만날 수 있다. 그러나 현재 가장 안전한 투자처로 일컬어지는 미국 국채도, 가장 안정적인 투자기관이라고 여겨지는 은행도 결국에는 '빚'을 가지고 있다. 국가나 회사나 가계나 운영 규모나 운영 목적은 조금씩 다르겠지만 결국 구조는 비슷한 구석이 많다. 그럼에도 불구하고 현장에서는 아직도 많은 사람들이 '부채 = 빚' 만으로 인식하는 경향이 강하다. 특히 자산이 어느 정도 있고, 안정적 직업을 가진 사람들일수록 부채를 절대 가져가지 않으려고 한다. 가계의 자산 운용과 기업 활동이 모두 이윤을 추구한다는 가정 하에 우리나라 기업을 대상으로 부채에 관해 설명을 하려 한다. 다음의 표를 보자.

연도	부채비율	매출액경상이익률	금융비용부담률	경상이익률−금융부담률
1990	297.15	2.40	4.33	−1.93
1991	318.02	2.16	4.68	−2.52
1992	325.10	1.85	5.01	−3.16
1993	312.93	1.97	4.60	−2.63
1994	308.13	2.61	4.66	−2.05
1995	305.60	2.73	4.65	−1.92
1996	335.61	0.99	4.68	−3.69
1997	424.64	−0.21	4.87	−5.08
1998	336.41	−1.17	6.55	−7.72
1999	235.13	−0.28	5.41	−5.69
2000	221.10	0.89	3.97	−3.08
2001	195.58	0.99	3.51	−2.52
2002	144.66	4.28	2.18	2.10
2003	131.31	4.75	1.82	2.93
2004	113.99	7.03	1.40	5.63
2005	110.86	6.21	1.27	4.94
2006	105.30	5.55	1.27	4.28

자료 : 한국은행

　장기간의 고도 성장이 끝나고 성장 정체 시대가 시작되었음에도 부채

비율을 늘렸던 우리나라의 전체 산업 평균 부채 비율, 매출액경상이익률, 금융비용부담률에 관한 자료이다. 매출액 경상 이익률 − 금융비용 부담률의 격차가 플러스로 커질수록 기업의 이익은 늘어날 것이고 부채 조달을 통한 기업 확장은 빠른 성장을 보일 것이다. 반면에 매출액 경상 이익률 − 금융 비용 부담률이 마이너스로 커질수록 기업의 자산은 축소될 것이고 특히 부채 비율이 높은 기업에게는 독이 되어 누적될 경우 파산에 이르게 될 것이다. 기업의 부채비율이 높아지고 채산성이 낮아진 상태가 수년 간 지속됨에 따라 IMF 위기를 겪었으나 이러한 상태는 자본주의 속성상 장기간 지속되기 힘든 비정상 시장이다. 누가 감히 조달 비용보다 못한 곳에 장기간 투자를 지속하겠는가? 우리 나라 기업의 수익성이 IMF 전후로 크게 호전되었는데, 매출액 경상 이익률이 올라간 영향도 있지만 전 세계적 저금리 시대의 도래와 함께 부채를 적정한 규모까지 감소시킴으로써 금융 비용 부담률 자체를 줄였다는 점에 핵심이 있다. 그럼에도 불구하고 부채 비율은 평균 100%가 넘는다. 즉, 부채가 없는 기업은 거의 없다.

부채를 통한 가계 및 기업 확장은 성장 시기에는 득이 될 것이고, 수축 시기에는 실이 될 것이다. 하지만 '부채 = 빚' 이라는 일방적인 인식은 지양되어야 한다. 의사가 부채를 일으키는 비용전문직 신용대출과 일반 회사원이 부채를 일으키는 비용일반 직장인 신용 대출 사이에는 엄연히 차이가 있음에도 불구하고 '부채 = 빚' 이라는 인식 때문에 절대 부채를 일으키지 않으려고 한다. 그러나 부채는 절대로 보유해선 안 되는 것이 아니다. 오히려 적정 규모의 부채는 국가, 기업, 개인 가계의 자산을 안정적으로 증가시키는 역할을 할 것이다. 물론 개인 가계의 경우에는 직업에 따라 개인 평균 투자 수익률 여부에 따라 부채 비율을 제고해봐야 할 것이다. 자본주의는 기본적으로 인플레가 유발될 수밖에 없는 구조를 지니고 있다. 그런 특징을 빨리 터득해서 회사나 개인이 부채를 가장 저렴하게 획득한다면, 그것이 1차적 부의 창출이 될 것이고 이것의 활용 여부에 따라 2차적 부의 창출 또한 결정될 것이다.

한 가지 덧붙이자면 국민 1인당 GDP 3만 불 이상의 사회보장제도가 잘 되어 있는 나라에서 태어난 사람과 국민 1인당 GDP 1000 불도 안 되는 후진국에서 태어난 사람이 국가로부터 받는 경제적 혜택이 전혀 다르다. 이를 잘 사는 부모 밑에서 태어난 자녀와 빈곤층 부모 밑에서 태어난 자녀에 비유해 볼 수도 있다. 아래의 표를 보자.

부모-자녀간 마코프 체인

	자녀 상층	자녀 중층	자녀 하층
부모 상층	0.45	0.48	0.07
부모 중층	0.05	0.70	0.25
부모 하층	0.01	0.50	0.49

자료 : Introduction to probability models by Sheldon M .Ross

통계학에서 여러 용도로 쓰이는 마코프체인Markov chain이다. 도표를 간략하게 설명하면 장기적 관점에서 부모가 하류층인 집에서 태어났을 때에 상류층으로 자녀가 이동할 확률은 1%에 지나지 않으며 부모가 상층인 자녀가 하층으로 떨어질 확률은 7%에 해당되는데 이러한 과정은 장기적

 결론에 해당된다. 표를 보면 상류층에서 태어난 자녀는 결국 대부분 중상류층에 머물게 되고 하류층에서 태어난 자녀는 장기적으로 100명 중에서 1명만이 상류층으로 이동하게 됨을 알 수 있다.

앞에서 설명했듯이 자본주의는 결국 부채를 발생시키면서 팽창하기 마련이다. 선진국이 조달하는 비용과 우량회사가 조달하는 부채의 비용이 다르듯이 개인의 경우도 조달 비용이 직업에 따라, 가진 재산 정도에 따라 모두 다르다. 사람은 누구나 후진국보다는 선진국에서, 그리고 가난한 부모보다는 부자인 부모에게서 태어나기를 바랄 것이다. 하지만 자신이 어디에서 태어날지 그 선택권을 가진 사람은 없다. 빈익빈 부익부 현상은 부채를 일으키는 과정에서 일차적으로 일어난다. 부모로부터 받은 유산 자체는 갚지 않아도 되는 부채, 즉 순자산에 해당되기에 경제적으로 풍요로운 부모로부터 태어난 자녀는 이미 부채를 유발할 수 있는 능력을 갖추었다고 볼 수 있다. 부채를 많이 일으킬 수 있는 개인, 회사일수록 투자 기회는 더욱 더 확대되기 마련이고, 반면 부채를 전혀 일으킬 수 없는 열악한 재무 상태를 가진 부모의 자녀들 중 99%는 대부분 중·하류층에 머물게 된다. 우리나라 속담에서 흔히 말하는 "개천에서 용이 날" 확률은 1%에 지나지 않음을 위의 마코프 체인은 보여주고 있다.

자본주의의 시작점은 부채를 통한 팽창에 있다. 경제 성장기 혹은 인플레이션 시대에 부채를 통한 팽창을 적절히 이용하면 기업은 크게 성장할 수 있고, 개인은 큰 부를 쌓을 수 있다. 경제 후퇴기 혹은 디플레이션 시대의 지나친 부채는 기업 혹은 개인에게 혹독한 손실을 안겨줘 파산에 이르게 할 수도 있지만 자본주의는 대부분이 인플레이션 시대에 있기에 부채를 적절히 이용하는 것은 기업과 개인 모두에게 중요하다. 부채를 조달할 수 없는 개인과 부채를 낮은 비용으로 조달할 수 있는 개인 간의 격차가 곧 부자와 가난한 자를 가르는 척도일 수 있다.

마코프 체인에서도 알 수 있듯 결국 가난한 부모 아래서 태어난 자녀들은 대부분 비슷한 층에 속하게 마련이다. 부자들에게 흔히 'Noblesse oblige'가 필요한 것은 자본주의 자체가 순자산만으로 부를 팽창시키지 않기 때문이다. 즉 자본주의란 부채를 통한 자산의 증식을 도모하는 시스템이므로 부채를 전혀 일으킬 수 없는 빈곤층과 부채를 저렴하게 조달할 수 있는 부유층 간의 격차는 날로 벌어질 수밖에 없다. 이렇듯 빈부 간에 더욱 많은 괴리가 생길 수밖에 없고, 그 격차가 가속화되는 시스템이 바로 오늘날의 자본주의이다.

Chapter
2
금융이론
Step by Step

금융이론은
자산을 늘리고 보호해주는 칼과 방패다!

한국에서 간혹 증권 방송TV를 보면 애널리스트들이 십중팔구 차트를 통해 설명을 한다. 몇 년 전에 국내 증권사에서 제공하는 기업분석 리포트를 보았을 때, 서브프라임이 발발해서 미국이나 유럽 등의 LIBOR 수익률 곡선만 봐도 사태의 심각함을 알 수 있음에도 대부분 매수 의견 일색이었던 기억이 난다. 이 책을 쓰게 된 동기는 이런 상황과 무관하지 않다.

부동산도 그렇지만 금융의 경우 보이지 않는 부분이 많고 여러 가지 요소가 섞여 있어서 최소한의 공부가 필요하다. 금융 상품을 만드는 관련 학과는 보험과 연금 등 장기 상품을 만드는 보험계리학과 단기 상품 및 파생상품을 주로 설계하는 금융공학과가 있다. 저자는 장기 상품을 만드는 보험계리학을 전공했기에 이 책을 읽는 독자에게 이 책 한 권만 읽으면 '투자의 대가'가 된다거나 일확천금을 벌 수 있다고 절대 말하고 싶지 않다. 다만 저자는 기본 지식도 없는 상태에서 바로 주식 투자를 하지는 않도록 탄탄한 금융 지식을 쌓을 수 있는 지름길로 독자들을 안내하고 싶다. 더불어 각종 매체에 나와서 전문가인양 행세하며 언론 기사를 확대 재생산하고 그릇된 정보를 퍼뜨리며 투자를 권하는 사람들을 변별할 수 있는 능력을 배양할 수 있도록 안내하고 싶다. 이런 미흡한 마음들이 모여 책을 쓰려는 동기가 되었다.

기본적으로 금융은 어렵다. 정답이 떨어지는 수학과 달리 사회과학의 영역이기에 정확한 답이 나오지 않는다. 더불어 사람들의 집단 심리가 함께 작용하는 것이기에 더욱 어렵다. 그럼에도 우리나라의 경제는 예전처럼 고성장 확대 생산 시기의 고금리가 아닌 저금리 시대이다. 부동산 투자만으로 자산을 운용하기에는 한계에 봉착하기도 했다. 여유가 없는 젊은 사람들은 자산을 늘리기 위해서, 여유 자산이 많은 사람들은 자산을 지키기 위해서라도 모두 금융에 관한 기초지식을 쌓아야 한다. 기본 지식도 없이 "oo 주식 좋다니까 사보라"는 주변의 말만 듣고 주식 시장에 뛰어들지 말고 최소한의 기본 지식을 쌓아야 한다. 투자에 관심이 있다면 대부분이 30대 이상의 연령층일 것이므로 수리적인 부분은 최대한 빼고 설명을 했지만 가장 기본이 되는 부분은 넣었다.

독자들 가운데에는 부동산 혹은 주식이라는 두 자산 Class만 왔다 갔다 하는 분들도 있을 것이고, 지금까지 하방 경직성이 있다고 하여 부동산만 선호하는 분도 있을 것이며, 유동성과 세금 면에서 주식만한 투자가 없다고 하여 주식을 선호하는 투자자도 있을 것이다. 그러나 투자를 위해서는 현금 VS 자산이라는 확장된 개념이 필요하고 그렇게 하기 위해서는 기본적 금융 지식을 체계적으로 쌓을 필요가 있다. 투자에 관심이 있고 체계적인 공부를 하고 싶은 독자들이라면 아래와 같은 순서로 기본적인 금융 지식을 쌓을 필요가 있다. 이 책에는 저자가 중요하다고 생각하는 각 영역의 핵심을 추려서 정리했고 올바른 방향을 설정하려고 노력했다. 그렇다고 이 책 한 권으로 금융의 기초를 알았다고 방심하면 절대 안 될 것이다. 무엇보다 장기적으로 좋은 결실을 맺는 투자란 기본적인 금융 지식과 함께 사회현상에 대한 끊임없는 관심과 통찰력에 의해 좌우되기 때문이다.

기본 금융을 쌓기 위한 지름길	일반적 금융 투자자의 첫걸음
이자 → 환율 → 채권 → 주식 → 차트 → 선물 → 옵션 및 ELW	예금 & 부동산 → 주식

증권사는 가급적 매수를 권해야 매매수수료를 챙길 수 있고, 운용사는 펀드 가입을 많이 유도해야 운용 수수료를 챙길 수 있고, 보험사는 가입과 해지를 많이 해야 신계약비 발생으로 인한 이익을 많이 챙길 수 있다. 모든 금융회사들이 입으로는 고객을 위한다고 말하지만 실제로 고객의 금융 지식을 체계적으로 쌓도록 도와주지는 않는다. 결국 금융 지식은 개인이 공부해서 쌓아나가야 한다. 대부분의 이론이 재미없고 지겹듯이 금융 이론 또한 그렇지만 자기 자산을 늘리고 보호해주는 칼과 방패임을 명심하고 체계적인 공부에 임해야 할 것이다.

1. 이자_{Interest}와 할인_{Discount}

금리 혹은 이자를 간단하게 표현하면 '돈값 혹은 돈의 가치'라 할 수 있다. 기름값을 "싸다 혹은 비싸다"라고 말할 수 있듯이 돈의 가치 즉 '돈값'인 이자 또한 그렇게 말할 수 있다. 돈의 가치가 비싸지면 금리가 인상될 때 돈을 주고 교환할 수 있는 자산 주식, 채권, 부동산, 원자재 등은 상대적으로 싸지게 마련이다. 아주 간단히 표현하자면 인플레이션은 시장 이자 즉 '돈값'이 싸져서 상대적으로 비싸지는 '자산'을 선호하는 것이고 반대로 디플레이션이란 시장 이자 즉 '돈값'이 비싸져서 상대적으로 싸지는 '자산'보다 현금을 선호하는 것이라 할 수 있다. 일반인이 알아두었으면 하는 부분은 다음과 같고 좀 더 심도 깊은 내용을 원한다면 스테판 켈리슨 Stephen G. Kellison의 저서 『이자론』을 참고하기 바란다.

· 이자율과 할인율

· 단리와 복리

· 현재 가치와 미래 가치

· 이자력

이자율 : 마지막에 받는 금액과 원금의 차이를 원금으로 나눈 것

할인율 : 마지막에 받는 금액과 원금의 차이를 마지막 금액으로 나눈 것

현재 100원을 투자하여 1년 후에 110원을 받는다면 이자는 10원이고 이자율 10%라고 말하고 할인율은 9.09%가 되며 다음과 같이 계산된다.

$$i = \frac{110 - 100}{100} = \frac{10}{100} = 0.1 \qquad d = \frac{110 - 100}{110} = \frac{10}{110} = 0.0909$$

이자율과 할인율은 다음과 같은 관계에 있다.

$$d(\text{할인율}) = \frac{i\,(\text{이자율})}{1 + i\,(\text{이자율})}$$

일반적으로 이자율 10%와 할인율 10%를 통용해서 같은 의미로 사용하지만 엄격한 의미로는 이자율 10%가 할인율 10%보다 더 크고 다음의 등식이 성립되는데 그 의미를 한 번 정도 독자가 생각해 보길 바란다.

$$i - d = i \times d \,, \; 즉 \; 이자율 - 할인율 = 이자율 \times 할인율$$

단리 Simple interest : 원금에 이자만 지급하는 것. 단리 $= (1 + i \times t)$

복리 Compound interest : 원금과 이자에 이자를 지급하는 것. 복리 $= 1 + i)^t$

Ex) 1억 원으로 매해 10%의 이자를 받을 경우 단리와 복리는 다음과 같다.

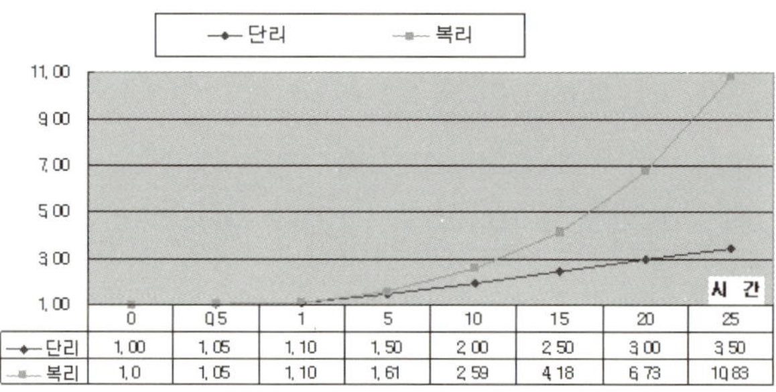

단리는 이자에 원금을 더하지 않기에 시간이 지날수록 실질적으로 이자가 줄어드는 반면 복리는 항상 동일한 이자를 지급한다. 중요한 점은 이자 및 할인의 기준이 되는 것은 복리이고 복리는 지수형태의 함수로 엄청난 이득을 주는 듯하지만 시간과는 독립으로 항상 동일하게 10%의 이자를 준다는 것이다. 향후 수익률, 금리, 이자율 등의 표현에서 기준은 단리가 아닌 복리임을 밝혀둔다.

현재 가치 Present Value : 미래 얻게 될 부(富)를 현재의 값으로 환산한 것.

$PV = \dfrac{FV}{(1+i)^t}$ PV = 현재가치, FV = 미래가치, i = 이자율, t = 기간

연금_{연속된 현금 흐름}은 다음과 같이 구해진다.

$$PV = \frac{CF}{(1+r)^1} + \frac{CF}{(1+r)^2} + \frac{CF}{(1+r)^3} + \cdots + \frac{CF}{(1+r)^n}$$

PV= 현재 가치, CF= 현금 흐름Cash Flow, i = 이자율, n = 기간

미래 가치 Future Value : 현재 투자한 가치의 일정 시점 미래 값으로 환산한 것.

$FV = PV \times (1+i)^t$ PV= 현재가치, FV= 미래가치, i = 이자율, t = 기간

이자력 Force of Interest : 단위 시간당 실제로 받는 이자의 크기를 말하는 것으로 어느 한 점에서 접선의 기울기를 비교하기 위해 기준 단위로 나눈다고 볼 수 있다.

재무에서는 각각 변화율을 측정하는 같은 개념이지만 이름만 달리하는 표현들이 많다. 수식을 굳이 외울 필요는 없지만 변화율에 대한 비슷한 개념들을 함께 알아두면 좋을 듯하여 정리한다. 주식의 베타를 제외한 대부분의 변화량을 측정하려는 용어들은 기울기를 나타내고 마이너스 기호가 붙는 이유는 기울기가 항상 음의 값을 가지므로 양의 값을 갖도록 하려는 것이다.

이자력_{이자함수} : 단위 시간당 실제로 받는 이자의 크기

$$\text{이자력} = \frac{\text{이자함수 1차미분}}{\text{이자함수}} = \frac{a(t)'}{a(t)}$$

단리 복리와 이자력

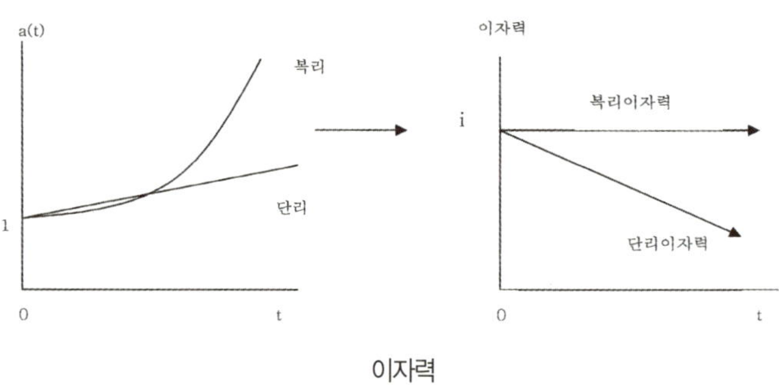

이자력

사망력^{생존함수} : 단위 시간당 실제로 사망하는 사람의 수

$$\text{사망력} = \frac{\text{생존함수의 1차미분}}{\text{생존함수}} = \frac{S(t)'}{S(t)}$$

듀레이션^{채권} : 금리 변화에 대한 채권 값의 변화로 금리 변화에 대한 채권가격 변화를 예측

$$\text{듀레이션} = \frac{\text{채권가격함수의 1차미분}}{\text{채권가격함수}} = \frac{P(t)'}{P(t)}$$

베타^{beta} : 베타 값이 1보다 크면 클수록 주식시장 전체보다 변동이 큰 주식이고 1보다 적으면 반대이다.

$$\text{베타} = \frac{\text{개별 주식 과 전 체 시 장 의 상 호 관 계}}{\text{전 체 주 식 시 장 의 상 호 관 계}} = \frac{Cov(Q_s, Q_m)}{Cov(Q_m, Q_m)} = \frac{Cov(Q_s, Q_m)}{Var(Q_m)}$$

델타 _{옵션} : 기초 자산 변화에 대한 옵션 가치의 변화로 콜 옵션은 양의 값을, 풋옵션은 음의 값을 가진다.

$$\text{델 타} = \frac{\text{옵 션 가 격 변 화 율}}{\text{기 초 자 산 변 화 율}} = \frac{\partial c}{\partial S}$$

매해 10%를 지급하는 단리와 복리의 이자력을 구해 보면 다음과 같다. 복리는 항상 동일하지만 단리는 시간이 지날수록 실제로 받는 금액이 점점 감소함을 알 수 있다.

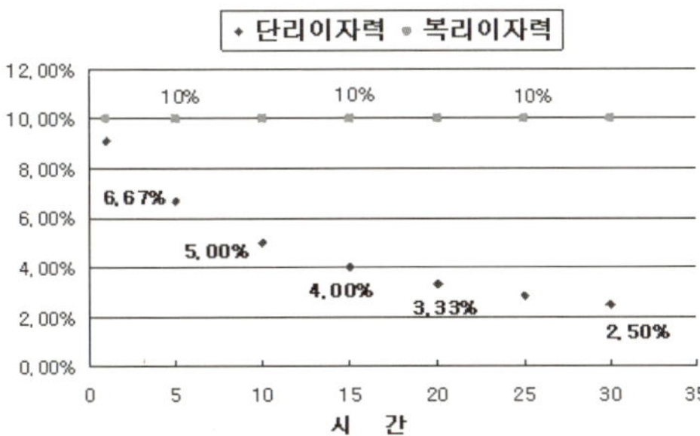

2. 환율

투자 영역을 국내에 제한한 투자자는 주식, 채권, 부동산 등 어떤 자산
에 투자할까로 고민하겠지만 해외 투자자 입장에서는 그 이전에 원화로
바꿀지 여부부터 먼저 생각해야 한다. 그 이후에 어떤 자산에 투자할까를
결정하는 커다란 입장 차이가 생기게 된다. 즉 주식 투자를 할지라도 환
율에 관한 기본적인 지식을 가지고 투자를 한다면 보다 합리적인 투자자
가 될 수 있다. 다음은 일반 투자자가 알아두었으면 하는 환율의 개념들
이다.

· 환율에 영향을 미치는 요소들
· 명목 환율/실질실효 환율
· 선물 환율/이자율평형/스왑 포인트
· CRS – IRS/스왑 베이시스

· 내외 금리차 VS CRS – IRS

환율에 영향을 미치는 요소들

환율에 영향을 미치는 요소들은 경제적, 정치적, 투자 주체들의 심리적 요인 등 복잡 다양하다고 할 수 있다. 때로는 원화 강세 요인이던 것이 원화 약세 요인으로 돌아설 수도 있다. 어느 특정한 요소에 의해 ^{시중 금리에 의해 채권 값이 결정} 환율이 결정되는 것이 아니고 상황에 따라 영향을 미치는 요소들의 중요성이 달라지므로 기본적인 지식과 상황에 따른 유연한 사고로 대처해야 한다. 한 가지 간과하지 말아야 할 점은 우리나라 금융 시장의 경우 발달된 주식 시장에 비해 채권 시장이나 환율 시장이 매우 취약하다는 것이다. 금융 위기가 발발하면 원화 자체가 Emerging 통화라는 이유로 약세인 것도 있지만 서울 외환 시장의 구조적 취약함으로 인해 시장 왜곡이 더 심해질 개연성도 높다고 볼 수 있다. 모든 상품이 수요와 공급에 의해 결정되듯이 외환 또한 수요와 공급에 의해 결정되는데, 경우에 따라 정치적 요인에 의해 강제적으로 환율이 결정될 수도 있다. 외환을 결정짓는 여러 변수들을 간략하게 정리하면 다음과 같다.

원화강세 요인 : 외국인투자자금증가, 물가하락, 금리상승, 미국금리하락, 경제성장률증가, 외환보유고증가, 유가하락, 통화량 감소, 국제수지 흑자, 교역조건개선, 실업률감소 등등

원화약세 요인 : 외국인투자자금감소, 물가상승, 금리하락, 미국금리상
승, 경제성장률하락, 외환보유고감소, 유가상승, 통화량 증가, 국제수지
적자, 교역조건악화, 실업률증가 등등

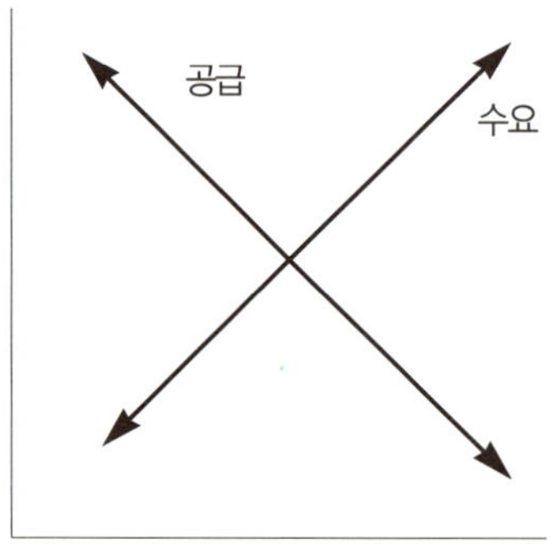

환율은 대부분 외환의 수요와 공급 곡선에 의해 결정되겠지만 정치적
사건에 의해 수요와 공급 곡선 자체를 움직이는 경우도 있고 투자자들의
다양한 심리 상태도 반영된다.

명목 환율/실질실효 환율

우리가 통상 쓰는 환율을 명목 환율이라고 한다. 아래는 지난 5년간 우
리나라 명목 환율의 변화이다.

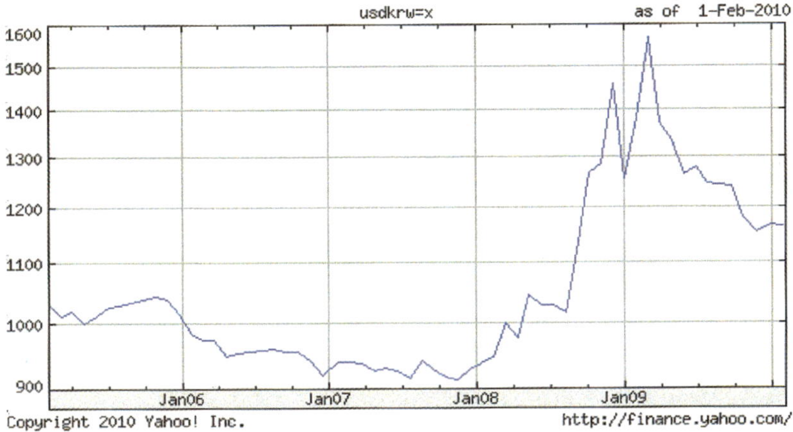

2003년부터 꾸준한 강세를 이어오던 원화는 서브프라임 사태가 발발해 본격적인 금융 위기가 번지던 2008년 900원대에서 일시적으로 1500원을 상회할 정도로 급격한 약세를 보였고 심지어 10월 16일 하루 동안 133.5원이 급등하여 10% 이상 원화 가치가 하락하기도 하였다. 그러나 불과 2주 뒤인 10월 29일 하루에 177원이 급락하여 12% 이상 원화 가치가 상승하는 롤러코스터 장세를 연출했다. 통화가 그 나라 전체 자산을 표시하는 단위라고 전제할 때, 어떻게 단 하루만에 우리나라 전체 국부가 10% 하락하거나 12% 상승할 수 있을까?

일반적인 경제 상황에서는 물론 이렇게 통화가 급등락을 하지 않는다. 하지만 위기가 크고 통화의 국제적 안정 여부에 따라 등락폭이 크게 확대될 수 있다. 하지만 명목 환율이 하루 사이에 갑자기 10% 이상 급등락 했을지라도 갑자기 물가나 국가 전체 국부가 하루 아침에 10% 이상 폭등 혹은 폭락하는 경우는 매우 드물다. 즉 통화가 하루 아침에 명목상으로 10%를 움직일 수는 있어도 무역규모가 세계 10위권인 나라의 실질적인 국부나 물가가 그만큼 변화하지는 않게 될 것이다. 또한 달러/원화 즉 1개 통화로만 명목 환율이 정의되고 한 나라 통화의 대외가치를 1개 통화에 대한 환율로만 표시하게 되면 여타 통화표시로 대외거래를 하는 부문에서는 가격 왜곡이 발생할 확률이 높다. 따라서 다수의 통화를 '바스켓'으로 하는 복합적 환율이 고안되었는데 이를 실효 환율이라고 한다.

이러한 실효 환율에 교역국간의 물가 변동을 반영한 것을 실질실효 환율Real effective exchange rate 이라고 한다. 물가 변동에 따른 실질구매력의 변동을 실효 환율에 반영하기 위해 명목 환율을 교역 상대국의 상대적인 물가지수로 나누면 실질실효 환율이 되는데, 기준 연도를 100으로 하여 100 이상일 경우 고평가, 100 이하일 경우 저평가에 있다고 표현한다. 각국 상품의 국제경쟁력이 중장기적으로는 각국 내의 상대적인 물가상승률에 의해 좌우된다는 점에 착안해 현재의 명목 환율이 국제경쟁력을 감안할 때 어느 수준에 있는지를 평가하기 위해 개발됐다.

실질실효 환율은 물가지수와 구성 통화의 변경과 기준 연도에 따라 큰 제약을 받게 된다. 하지만 금융 위기 등으로 명목 환율이 단기적으로 변동이 심하게 될 경우 장기적 균형점을 유추하는데 어느 정도 근간을 제공한다는 측면에서 실질 실효 환율과 명목 환율 사이의 괴리가 단기간에 심하게 커질수록 시장은 한쪽으로 쏠려진다고 볼 수 있다. 그러나 실질실효 환율을 개인은 쉽게 구할 수 없고, 물가 지수, 기준 시점, 교역 상대국 등에 따라 달라지는 단점이 있다. 우리나라의 경우 일반적인 상황에서 경상

수지를 큰 설명 변수로 예측한 값과, 금융 위기로 인해 항상 서비스 적자인 우리나라의 달러 조달이 더욱 어려워질 경우, 서비스 수지에 좀 더 무게를 두어 예측했을 때의 값이 크게 다를 수 있다. 즉 정상 상황에서와 금융 위기 상황에서 편차는 무척 클 수 있다.

각 기관별 달러/원 적정 환율 추정

기관명	적정 실질실효 환율	근거
삼성경제연구소(2008)	1002	본격적인 금융 위기 발발 이전 경상수지 위주로 실질실효 환율을 예측
대외경제정책연구원(2009)	1170	금융 위기 발발 이후 서비스 수지 및 외환 수급을 고려하여 실질실효 환율 예측
한국경제연구원(2009)	1250	금융 위기 발발 이후 서비스 수지 및 외환 수급을 고려하여 실질실효 환율 예측

　명목 환율이 변화하듯이 실질실효 환율도 변화하지만 명목 환율처럼 급변하지는 않는다. 다만 정상적인 금융 시장상황에서 실질실효 환율지수는 경상수지 위주로 계산될 수 있지만 서비스 수지가 만성 적자인 우리나라 상황에서 금융 위기가 발생할 경우 실질실효 환율은 서비스수지 및 외환 조달 능력 등의 변수에 더 많은 가중치를 두어야 한다. 명목 환율과 실질실효 환율의 괴리가 커지면 커질수록 시장은 한쪽 방향으로 쏠림이 심해진다고 볼 수 있다. 명목 환율은 2008년 한 해 동안 910원의 고평가 영역에서 1500원대의 저평가 영역까지 급등과 급락을 하였다. 위 도표의

세 곳의 평균치인 1140원이 최근의 금융 위기를 반영한 실질실효 환율이라고 하면 실질실효 환율에서 명목 환율이 멀어질수록 시장은 쏠려가기 시작하고 쏠림이 강할수록 급등이나 급락이 일어날 개연성은 높아진다고 볼 수 있다. 저자가 생각하는 달러/원 실질실효 환율은 1050-1150 정도라고 생각한다.

이자율 평형 이론

　2008년 말 각국의 정책 금리를 보면 브라질은 10%가 넘고 우리나라는 2%에 해당된다. 그렇다면 우리나라에서 대출을 받아 브라질에 예금을 하면 매 해 8%의 이자를 받을 수 있지 않을까? 그렇게 생각할 수 있겠지만 통화가 다르고 바로 브라질 통화로 바꿀 수 없다면 원화 → 달러화 → 레알화로 바꾸어 예금을 하고 찾을 때는 다시 레알화 → 달러화 → 원화의 순서가 될 것이다. 통화 별 변동이 없다면 분명 무위험으로 8% 이상의 수익을 얻을 수 있을 것이다. 하지만 재무에서 가장 큰 명제 중 하나는 "무위험 차익 거래는 없다"이다. 즉 국내 예금자와 국내 통화를 해외에 예금한 예금자 모두 1년 후의 값을 같게 해주는 것이 선물 환율이라고 한다. 두 통화 간 명목 이자율 차이는 선물 환율로 같아지는데 이것을 이자율 평형 이론이라고 한다.

국가	정책금리	2008년 말
미 국	Federal funds rate	0.25
브 라 질	SELIC overnight rate	10.25
한 국	Base rate	2.00
일 본	Overnight call rate	0.10

Ex) 환율 1\$ = 1000원, 국내 금리 5%, 미국 금리 2%, 1000원을 국내와 미국에 예금

    A. 국내 예금자의 1년 후 가치 : 1000원 × 1.05 = 1050원

    B. 해외 예금자의 1년 후 가치 : \$1 × 1.02 = \$1. 02

1년 후 A와 B 는 각각 1050원, 1.02달러를 가지게 되는데 A = B가 되어야 무위험 차익 거래가 성립이 안 되므로 1년 후 A와 B의 값을 같게 해 주는 것을 선물 환율이라고 한다. 즉 선물 환율은 다음과 같이 계산된다.

$$1050 = 1.02 \times F \longrightarrow F = 1050 / 1.02 = 1029.4$$

상대적으로 저금리 통화를 프리미엄 통화, 고금리 통화를 디스카운트 통화라고 한다. 국내 금리가 5%이고 미국 금리가 2%라면 고금리 통화인 원화는 1년 후 환율에서 불리해진 교환조건으로 디스카운트라 하고 저금리 통화인 달러는 선물 환율이 현물 환율보다 유리해진 교환조건으로 프

리미엄이라고 한다. 선물 환율을 구하는 간편식은 다음과 같다.

· 저금리 통화상대국 보다 낮은 금리 → 1년 후 환율은 강세가 되어야 상대적으로 적은 금리를 보상. 환율이 강세가 된다는 것은 현재 환율보다 선물 환율이 낮아져야 한다는 것을 의미한다.

· 선물 환율 = 현물 환율 + 현물 환율 × (자국금리 − 상대국금리) = 1 + 1 × (0.02−0.05) = 0.97

· 디스카운트 통화상대국 보다 높은 금리 → 1년 후 환율은 약세가 되어야 상대적으로 많은 금리를 완화

선물 환율 = 현물 환율 + 현물 환율 × (자국금리 − 상대국금리) = 1000 + 1000 × (0.05 − 0.03) = 1030

환율이 약세가 된다는 것은 현재 환율보다 선물 환율이 높아져야 함을 의미한다.

스왑 포인트 Swap Point = 선물 환율 − 현물 환율

− 선물 환율에서 현물 환율을 뺀 차이를 스왑 포인트 혹은 스왑 마진이라고 한다.

서브프라임 이후에 스왑 포인트 1년 물 영역(파란색)을 살펴보면 2008년 10월-12월, 그리고 2009년 3월 무렵 스왑 포인트가 마이너스 값이 크게 확대되었고 2009년 6월 이후 스왑 포인트 값이 크게 줄어 0에 가깝게

되었다.

외환 스왑 포인트

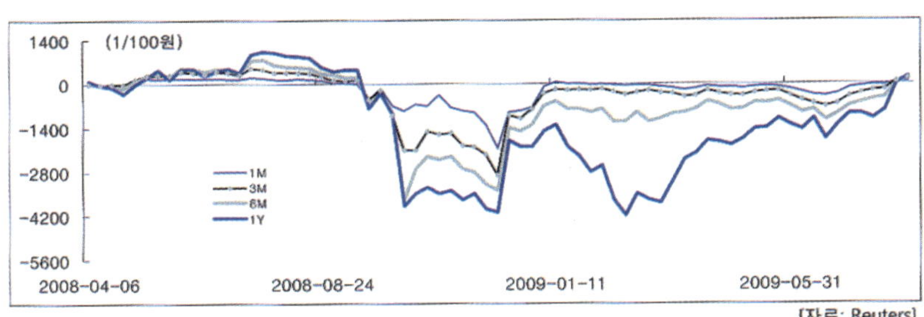

외환 스왑 포인트 FX Swap Point가 마이너스라는 것을 디스카운트 Discount 라고 하는데 선물 환율이 디스카운트 되는 폭이 점점 커진다는 것은 현물 환율 급등에 따라 디스카운트가 심화되는 것이라 볼 수 있다. 스왑 포인트의 추이를 보면 환율의 대략적인 흐름을 파악하는데 큰 도움이 된다. 선물 환율이 양국의 금리 차이를 보정해주는 역할을 하고 선물 환율에서 현물 환율을 뺀 차이를 스왑 포인트라고 본다면 일반적으로 고금리 통화는 스왑 포인트가 플러스가 될 것이고 저금리 통화는 스왑 포인트가 마이너스가 될 것이다.

2008년 8월 당시 한국의 금리가 미국 금리보다 높았기에 스왑 포인트가 플러스로 정상 시장임에도 역으로 마이너스가 깊어졌다. 이것의 의미는 향후 원화의 선물 환율이 높아질 것으로 시장에서 예상되어 그 차액만큼의 플러스 금액 스왑 포인트을 원화 보유자에게 보전하는 것이 정상 시장인데 현물 환율 시장에서 워낙 달러 조달이 힘들어 달러 품귀 현상이 심화되어 원화가 받아야 할 금리 차액으로 인한 플러스 금액_{스왑 포인트}을 포기하고 거기에 덤으로 달러 보유자에게 오히려 원화를 더 얹어주는, 즉 스왑 포인트 마이너스로 전환이 되는 것이고 시장에서 위기가 강하면 강할수록 스왑 포인트의 마이너스 폭은 확대된다고 볼 수 있다. 다른 모든 시장 변수가 그렇듯이 선물 환율과 현물 환율의 차이라는 단순한 이치로 스왑 포인트가 결정된다기보다는 시장의 수급에 의해 스왑 포인트가 형성된다고 볼 수 있다.

CRS-IRS/스왑 베이시스

주가와 채권 중에서 어느 쪽에 투자하는 것이 좋을까? 결코 만만한 문제가 아니다. 주식이 채권보다 변동성이 큰 만큼 위험프리미엄을 감안한다면 주식시장 PER와 국고채 혹은 우량 회사채 수익률의 역수를 비교해보는 수익률 갭이 좋은 지표가 될 수 있다. 수익률 갭은 주식시장과 채권시장의 투자 매력도를 나타내는 것이다. 그렇다면 국내에 투자하는 것이 유리한지 해외에 투자하는 것이 유리한지를 알려주는 유용한 지표는 없을까? 주식과 채권의 상대적 수익률 차이를 수익률 갭이라 하듯 국내투자 VS 해외투자를 비교하는 좋은 지표 중 하나로 'CRS-IRS 와 내외금리차의 비교'를 들 수 있다.

해외에서 자금을 조달하거나 국내에서 해외에 투자를 할 경우 각각 달러를 원화로 바꿔서 차입하거나 원화를 달러로 바꾸고 해당 투자 국가 통화로 바꿔야 하는 과정을 거치게 된다. 국내 금융 기관들이 해외에서 달러를 차입할 때 기준이 되는 금리는 보통 'LIBOR 금리 + 스프레드' 인데 LIBOR London inter-bank offered rates금리는 런던의 금융시장에 있는 은행 중에서도 신뢰도가 높은 일류 은행들이 자기들끼리의 단기적인 자금 거래에 적용하는 대표적인 단기 금리이다. 장기 금리를 예측하기에는 무리가 있지만 국제 금융 시장의 기준이 되며 국내 금융 기관이 해외에서 조달할 경우에도 기준으로 삼는 금리이다.

CRS와 IRS : 스왑Swap은 두 거래 상대방이 계약체결시점에 미리 정해 놓은 방식 하에 일정기간 동안 미래의 현금 흐름을 교환하는 계약이다. 계약이 체결되는 시점에서의 스왑 계약의 가치는 0Zero이다.

CRSCurrency rate swap는 두 거래 상대방 사이에 서로 다른 통화의 이자와 원금이 교환되는 것을 말한다. 수취 현금 흐름과 지급 현금 흐름은 서로 다른 통화로 이루어지며 원금 교환은 시작일과 만기일에 서로 다른 방향으로 일어난다. IRSInterest rate swap란 변동 금리와 고정 금리를 서로 교환하는 스왑 계약을 말하고 IRS 금리라고 하면 통상적으로 고정 금리를 수취하는 금리를 말한다. CRS는 특정 통화의 투자나 차입을 다른 통화로 바꿀 수 있는 수단이고 IRS는 변동 금리를 고정 금리로 혹은 고정 금리를 변동 금리로 바꿀 수 있는 수단이다.

CRS 금리는 원화를 빌려주고 달러를 빌리는 사람이 받는 금리이다달러를 빌려주고 원화를 빌리는 사람이 받는 금리는 리보 (LIBOR) 금리이기 때문에 따로 결정할 필요가 없다. 따라서 CRS가 급락했다는 것은 달러 가치가 급등했다는 뜻으로 볼 수 있고 CRS가 급등했다면 원화 가치가 급등했다고 볼 수 있다. 2008년10월 16일 CRS 금리가 거의 제로수준에 다가섰고 2008년 11월 4일 사상 첫 마이너스를 기록했다. CRS 금리가 마이너스이면 원화를 빌려주면서 이자를 받기는커녕 오히려 원금 + 웃돈을 주면서 빌려줘야 하는 입장으로 우리나라 입장에서는 경제적 국치로 여겨질 수도 있지만 서브프라임으로 한동안 CRS 마이너스를 기록했다.

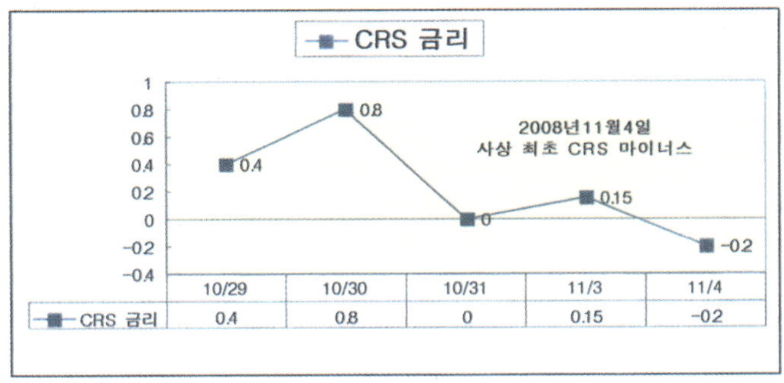

CRS 금리에서 IRS 금리를 뺀 값을 스왑 베이시스swap basis라고 한다. 스왑 베이시스는 한국에서 달러를 얼마나 쉽게 구할 수 있느냐를 보여주는 것이다. 예를 들어, CRS 금리가 높고달러를 구하기가 쉽고 국내의 이자율이 낮다면즉, IRS 금리가 낮다면, 스왑 베이시스는 양의 값을 가지고, CRS 금리가 낮고달러를 구하기가 어렵고 국내의 이자율이 높다면IRS 금리가 높다면, 스왑 베이시스는 음의 값을 가지게 될 것이다. 정리하면

Swap Basis = CRS − IRS = 원화와 달러 교환금리 − 국내 고정 금리

스왑 베이시스가 양의 값을 가진다면 달러를 조달하기 쉽고 음의 값을 가진다면 달러를 조달하기 쉽지 않다.

CRS 금리의 변동만 유심히 보더라도 환율에 큰 정보를 얻을 수 있지만 개인 투자자 입장에서 해외에서 자금을 들여오거나 해외에 자금을 빌려 줄 수 없음에도 CRS − IRS의 차이인 스왑 베이시스를 주의깊게 봐야 하는 까닭은 아래 그림을 보면서 설명하겠다.

2009년 1–2월 스왑 베이시스 동향

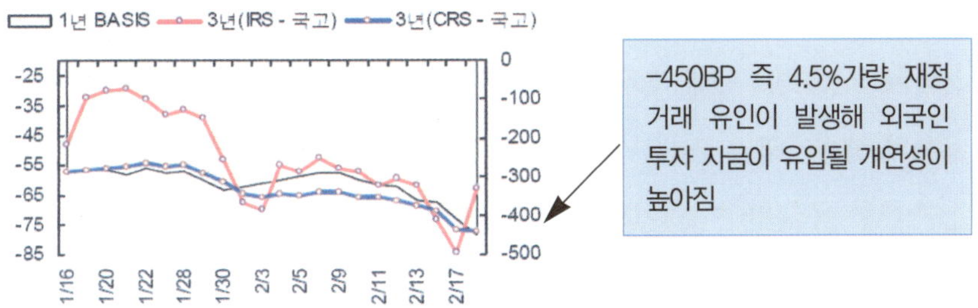

CRS − IRS의 1년 스왑 베이시스는 위 그림에서 노란색으로 칠해져 있다. 외국인 입장에서 무위험 재정 거래를 할 수 있는 여건이 매우 우호적인 상황에 놓여 있다. 비록 주식 시장이 아닐지라도 달러를 들여와 원화로 바꾼 이후 안전한 국채나 IRS에 투자를 한다면 무위험에 해당되는 4.5% 가량의 재정 거래 차익을 거둘 수 있고 미국 연방 기금 금리가 단지 0.25%에 지나지 않는다면 무척 양호한 조건이라고 할 수 있다. 즉 국내 투자에 메리트가 있다는 뜻이다.

내외 금리차와 CRS – IRS

    환율에서 일반 투자자에게 전달하고 싶은 핵심은 국내에 투자 자금이 들어오는데 우호적인 상황인지 반대로 해외에 투자하기에 더욱 좋은 환경인지를 파악해야 한다는 것이다. 국내에 달러 자금을 들여와 주식시장으로 갈 것인지 채권 시장으로 갈 것인지는 그 이후의 문제이다. 외국인 입장에선 일단 원화로 바꿔서 투자하는 것이 좋은가 여부부터 결정짓는 것이 첫 번째 문제이다. 국내 투자자 입장에서는 해외에 투자하는 것이 좋은지의 여부를 파악하는 것이 해외 투자를 결정하는 첫 과정이다. 절대적이지는 않지만 국내 투자와 해외투자 중에서 어느 쪽이 좋을지를 판단하고자 하면 '내외 금리차와 CRS – IRS'를 비교해보기를 권한다.

3. 채권Fixed Income

채권은 시중의 돈의 흐름을 반영하고 주식 시장에 비해 금융 시장의 위험 신호를 먼저 나타낸다. 일반 투자자가 채권에서 알아야 할 핵심 사항들은 다음과 같다.

- 채권-금리와 역의 관계
- 수익률 곡선
- 지표물-비지표물 사이 스프레드
- 수익률 갭 곡선
- 장-단기 금리 차이
- LIBOR-OIS 스프레드 & TED 스프레드
- 구축효과와 유동성 함정

한 번도 채권을 접하지 않았던 투자자들은 채권을 어렵게 생각할지도 모르겠다. 하지만 채권의 개념은 매우 간단하고 또한 중요하다. 특히 금융 위기의 징후는 주식 시장보다 채권 시장에서 먼저 나타나기 때문에 채권에 투자를 하지 않더라도 꼭 기본적인 것은 알고 넘어가야 한다. 채권을 간단히 정의하자면 영어 표현이 적합하다. 즉 '정해진 현금 흐름'을 현재 거래하는 것을 채권이라고 생각하면 된다. 예를 들어 "내가 친구에게 100만 원을 3년간 빌리고 매해 10%의 이자를 주기로 했다"면 첫 해와 둘째 년도에는 이자 10만 원씩과 3년 차에는 이자 10만 원과 원금 100만 원을 돌려주면 된다. 이것을 국가에서 발행하면 국채, 회사가 발행하면 회사채, 지방 정부가 발행하면 지방채, 금융기관이 발행하면 금융채가 된다. 포괄적 개념으로 모든 '정해진 현금 흐름'을 채권이라 할 수 있다. 기본적인 용어들을 간략하게 살펴보면 각각 다음과 같다.

홍길동은 친구에게 100만 원을 3년간 빌리고 매해 10%의 이자를 주기로 했다.

국가는 시장에 10억 원을 3년간 빌리고 매 분기 2%의 이자를 주기로 했다.

발행 주체	이자 지급 방법	쿠폰 이자	표면 금액
개인	연말	연 10%	100만 원
국가	분기말	분기 2%	10억 원

위의 거래 내용은 거래 상대방이 약속을 모두 지킨다면 '향후 현금 흐름이 정해져 있는' 계약이 된다. 이렇게 '정해진 현금 흐름'을 현재 시장에서 사고팔고 하는 것을 채권을 "사고 판다"고 생각하면 된다. 그렇다면 '향후 일정한 현금 흐름'을 현재 사고팔아야 하므로 현재 가치로 환산을 해줘야 하는데 이것을 '시장 금리'로 할인하므로 시장 금리가 오르면 채권 값은 하락하고 시장 금리가 내리면 채권 값은 상승하기 마련이다. 즉 채권 값과 금리는 반대로 움직인다. 일반 투자자가 기본적으로 알아야 하는 채권에 대한 내용은 다음과 같다. 보다 상세한 내용은 채권의 바이블이라고 할 수 있는 Fabozzi의 저서 『Fixed income』을 참고하기 바란다.

채권-금리와 반대

채권은 정부나 회사에서 자금을 조달하기 위해 발행하는 국채, 회사채뿐 아니라 향후 '정해진 현금 흐름'을 현재 가치로 환산하여 거래하는 모든 상품군이라 할 수 있다. 최근에 벌어진 서브프라임으로 인한 금융 위기도 채권으로 인한 문제라고 할 수 있다. 국가의 조세 수입, 은행 주택 담보부 대출, 개인 신용카드 사용액, 생명 보험 사망금 등등 어느 한 주체만 놓고 보면 현금 흐름이 불안정하고 부도의 위험마저 있을 수 있다. 향후 현금 흐름을 안정적으로 예상할 수 있다면 그것을 증권화Securitized 과정을 통하여 현재 시장에서 거래하는 모든 것을 넓은 의미로 채권이라고 생각하면 된다.

예를 들어 서브프라임이란 은행에서 개인에게 주택 담보 대출을 하였고 대출 상환금으로 향후 들어올 현금 흐름을 모아서 상환 위험이 거의 없는 최상위 우량 그룹의 현금 흐름^{프라임}, 상환 위험이 조금 있는 중간 정도 그룹의 현금 흐름^{메짜닌}, 상환 위험이 높은 그룹의 현금 흐름^{서브프라임}으로 나눠 미래에 들어올 상환금을 증권화하여 현재 시장에서 거래시킨 것이다. 서브프라임 사태는 미래에 들어올 상환금을 대상으로 이미 현재 시장에서 거래를 하고 있는데 담보인 집값이 금리 상승에 따른 변동을 감안해 정확히 책정되지 못했고, 상환 능력이 없는 사람에게도 부실 대출을 해주었던 영향이 컸다. 게다가 미국 정부에서 금리를 급격히 올리자 집값이 크게 하락했고 대출 상환 능력이 없는 사람들이 늘고 집값 하락의 과정에서 '향후 들어올 주택 담보 대출금 총액' 보다 현재의 집값이 더 싸지는 부실 대출이 증가하게 되었다. 이러한 부실 채권을 금융권에서 대손상각 처리해야 했고 전 세계 금융 시장이 급격한 충격을 받았던 것이다.

채권 : 향후 정해진 현금 흐름을 현재 시장에서 거래하는 것으로 채권의 가격은 금리와 반대로 움직임

Ex) 액면 1억 원, 3년 만기, 표면 금리 연 8%, 3개월 이자지급

원금 1억 원은 3년 후에 상환되고 매해 8%의 이자 8백만 원을 분기별로 지급하는 것이므로 매 분기는 2백만 원^{8백만/4}씩 총 12번 지급하고 마지막에 원금을 상환하는 것이다. 현금 흐름은 아래 그림과 같다.

3년간 향후 현금 흐름

	2백만	2백만	2백만	2백만	3년간 향후 현금 흐름	2백만	2백만 + 1억
0	3개월	6개월	9개월	12개월		33개월	36개월

위와 같이 미래에 정해진 현금 흐름을 현재 가치로 나타낼 경우에는 다음과 같다.

$$현재가치 = \frac{2백만}{(1+i)^{0.25}} + \frac{2백만}{(1+i)^{0.5}} + \frac{2백만}{(1+i)^{0.75}} \cdots\cdots \frac{2백만}{(1+i)^{2.75}} + \frac{2백만 + 1억}{(1+i)^{3}}$$

독자에 따라 수식이 어렵거나 쉽게 느껴질 수 있지만 수식을 굳이 알 필요는 없다. 위 식에서는 다른 모든 요소가 채권 발행 시점에서 이미 정해졌고 분모에 들어가는 할인율_{알파벳i}은 정해지지 않았다. "향후 정해진 현금 흐름을 어떤 이자율로 할인할 것인가?"가 가장 중요한 요소인데 이 이자율이 바로 시장에서 정해지게 된다.

위의 예제는 국고 채권 3년 선물의 예상 현금 흐름이다. 국고 채권을 현재 가치로 할인할 때 사용되는 시중금리를 국고채권 금리, 회사채를 현재 가치로 할인할 때 사용되는 시중금리를 회사채 금리라고 한다. 다음 그림은 위 현금 흐름의 금리 변화에 대한 채권 값의 변화를 그림으로 나타낸 것이다.

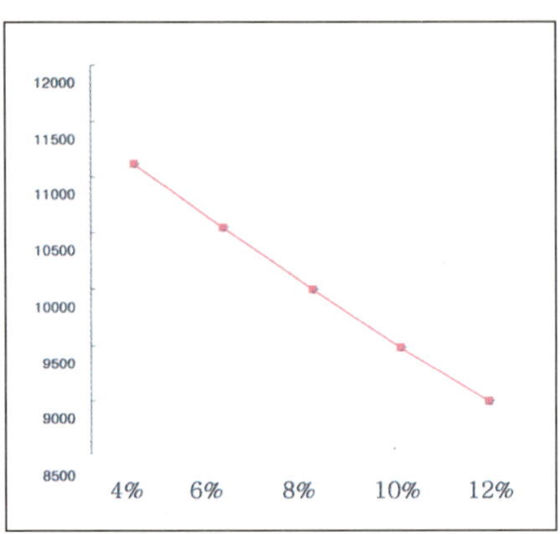

　채권은 원리금이 고정되어 있으므로 시장 금리에 따라서 가격이 변동하게 돼 금리와 반대의 관계이다. 채권에 투자한다는 것은 금리에 투자하는 것과 동일하다고 볼 수 있는데, 일반 투자자는 거래 금액이 큰 채권보다는 국고 채권 ETF나 국고 채권 선물을 사용하는 것이 더 효율적이다. 향후 금리가 상승할 것으로 예상되더라도 전세금 대출자는 대출금액 1억 원을 국고채 3년 선물 1계약 함으로써 시중 금리 상승분을 상쇄할 수 있다. 또한 시중 금리가 매우 높은 상태에 있어 현재 수준의 금리를 몇 년간 지속하고 싶다면 국채 선물을 매도할 수도 있다. 선물에 관한 보다 상세한 내용은 선물 편에서 설명하기로 한다.

　저자가 제안하는 환율과 채권 투자는 현물이 아닌 개인 투자자가 레버리지를 조정하여 선물로 투자하는 것이다. 현물 1억 원의 채권은 대략 2백만 원 정도의 채권 선물과 같다고 볼 수 있기 때문에 적은 자금으로 금리 상승 혹은 금리 하락에 대응할 수 있다.

수익률 곡선 (Term structure)

금융 위기 징후가 시작될 경우 주식 시장보다는 채권 시장에 좀 더 많은 관심을 기울여야 한다. 채권의 여러 지표들 중에서 수익률 곡선은 위험 징후를 잘 나타내주는 대표적인 지표이다. 수익률 곡선이란 기간구조, 즉 만기가 다른 채권의 수익률을 연결한 곡선이다. 단기 금리와 중장기 금리를 연결한 곡선인데 일반적인 정상 시장에서는 단기 금리보다 장기 금리가 같거나 높다고 볼 수 있다.

장-단기 금리 구조 형태에 관한 이론적 배경을 몰라도 상식적으로 생각해보면 1년 빌려주는 이자와 5년 빌려주는 이자는 시간의 불확실성 및 상환 불능에 대한 우려 등을 감안해서 5년 빌려주는 이자가 조금 더 높아야 한다. 하지만 금리가 아무리 비쌀지라도 돈을 빌려야 하는 급박한 수요자들이 많다면 단기 금리가 급등할 수 있다. 이럴 경우 단기 금리가 장기 금리보다 높게 돼 장-단기 금리가 역전되었다고 한다. 서브 프라임으로 금융 시장이 혼란을 지속하던 시점에 저자가 고객들에게 가급적 모든 거치 투자를 빼고 투자 시점을 뒤로 미루기를 권하도록 결정한 여러 지표들 중 대표적인 것이 LIBOR 금리의 역전 현상이었다. 다음은 금융 위기가 완화된 이후인 2009년 12월10일의 LIBOR 수익률 곡선과 금융 위기가 번지고 있을 무렵의 LIBOR 수익률 곡선이다.

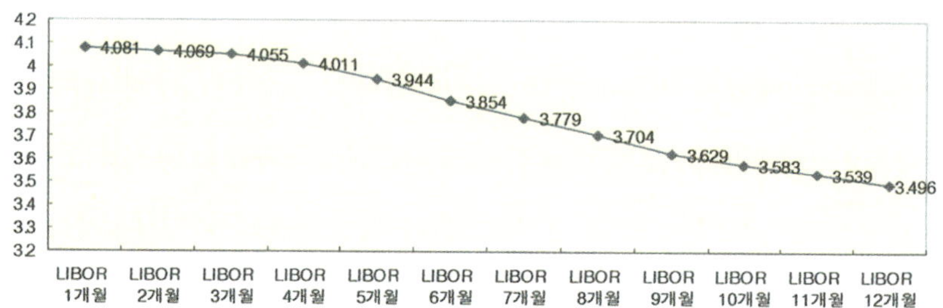

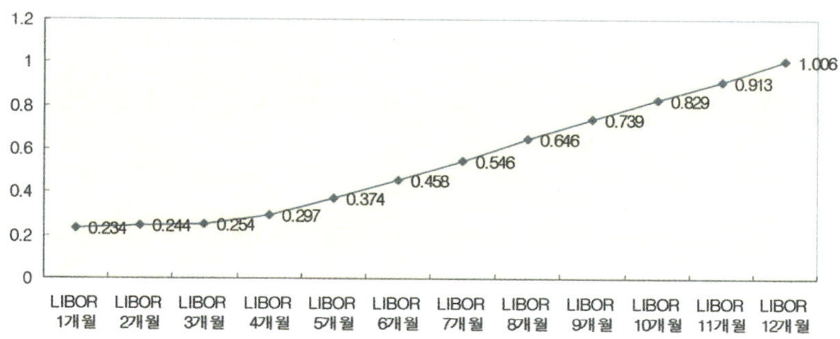

그림에서 나타나듯이 수익률 곡선이 확연하게 반대로 되어 있다. 즉 2008년 1월에 국제 금융 시장의 기준이 되는 LIBOR 금리는 장-단기가 확연하게 역전되어 있었다. 이는 어떤 이유인가로 금융기관들이 급박하게 돈을 필요로 해 단기로 높은 금리를 주더라도 돈을 빌리고 있음을 보여주는 것이다. 세계 금융 시장의 기준 금리로 작용하는 LIBOR 금리가 역전되어 있는 상황에서 당시에 우리나라 수익률 곡선은 전반적으로 완만한 상승세를 보여 정상 상태를 나타내고 있었다. 하지만 우리나라가 슈

퍼 대국이 아니고 국제 금융 시장에서 '돈맥경화' 현상이 나타난 만큼 우리나라에도 그 여파가 클 것이라 감지할 수 있었다.

LIBOR 수익률 곡선이 역전된 지 몇 달 후에 베어스턴스가 파산했고 그 여파로 해외 투자자들이 투자금을 회수하였기에 주식 시장의 건전성 여부를 떠나 주식 시장의 투자 수요가 급격히 감소_{외국인 투매}함으로 인해 국내 주식 시장은 급격한 하락을 맞이하게 되었다. 통화량이 늘어나고 위험 자산이 확대되는 시장에서는 수익률 곡선이 큰 의미가 못될지라도 통화량이 줄어들고 위험의 증가로 인하여 비-위험자산을 선호하게 되는 경우에는 수익률 곡선을 꼭 살펴봐야 한다. 큰 시장에서부터 작은 시장의 수익률 곡선을 가급적 모두 챙겨 보는 것이 좋다. 예를 들어 LIBOR 수익률 곡선 → 미국 채권 시장 수익률 곡선 → 국내 채권 시장 수익률 곡선을 모두 챙겨 보는 것이 좋다. 아래는 2009년 12월 11일 한국과 미국의 수익률 곡선이다. 한국과 미국 모두 우상향의 정상 시장 형태의 전형적인 모습을 나타낸다고 볼 수 있다.

한국과 미국의 수익률 곡선

☐ KR & US Treasury Market

Bond Yield	+KTB (MSB)		US.Treasury		
	Yield	Chg.	Yield	Chg.	KR-US
1D	2.01	+0.02	0.12	–	+1.89
3M	2.17	+0.01	0.04	+0.01	+2.13
6M	2.60	+0.02	0.16	+0.00	+2.44
1Y	3.30 (3.34)	+0.11 (+0.10)	0.28	+0.01	+3.02
2Y	4.17 (4.27)	+0.13 (+0.14)	0.77	+0.02	+3.40
3Y	4.26	+0.09	1.25	+0.03	+3.01
5Y	4.79	+0.09	2.19	+0.04	+2.60
10Y	5.32	+0.06	3.50	+0.06	+1.82
20Y	5.52	+0.08	4.00	+0.07	+1.52

출처 : 삼성증권

지표물과 비지표물 사이의 스프레드

다음 셋 중에서 부도날 확률이 가장 높은 것은 무엇일까?

1. 대한민국 정부가 부도날 확률
2. 삼성전자가 부도날 확률
3. 시가 총액 100억 원 정도의 코스닥 상장 기업

위의 셋 중에선 당연히 시가 총액 100억 원 정도의 코스닥 상장 기업이 가장 높은 부도 확률을 가지고 있다. 그렇다면 부도는 언제 잘 나는 것일까? 통화가 늘고 유동성이 풍부해지고 금융권의 대출 여력이 충분한 상황보다는 통화량이 줄고 유동성에 제약이 오고 금융권의 대출 여력이 거의 없을 경우, 즉 금융 위기가 올 경우 부도 확률이 더 높아진다고 볼 수 있다. 한 나라의 부도 확률이 가장 낮고 안정적이면서 거래량도 많은 대표적인 채권을 지표물이라 하는데 우리나라에서는 보통 국고채권 3년 물을 사용한다. 그 이외를 비지표물 채권이라고 하는데, 대표적으로 회사채 BBB급 정도라 생각할 수 있다. 이렇듯 지표물과 비지표물 사이의 금리 차이를 스프레드(spread)라고 한다.

금융 위기와 같은 유동성 위기가 올 경우 대한민국 정부나 삼성전자가 부도날 확률보다는 작은 중소기업이 부도날 확률이 더욱 높아지게 마련이다. 국고채 3년-회사채 BBB인 지표물-비지표물 사이의 스프레드는 일반적인 정상 시장에서보다 위험한 상황이 전개될수록 더욱 확대된다.

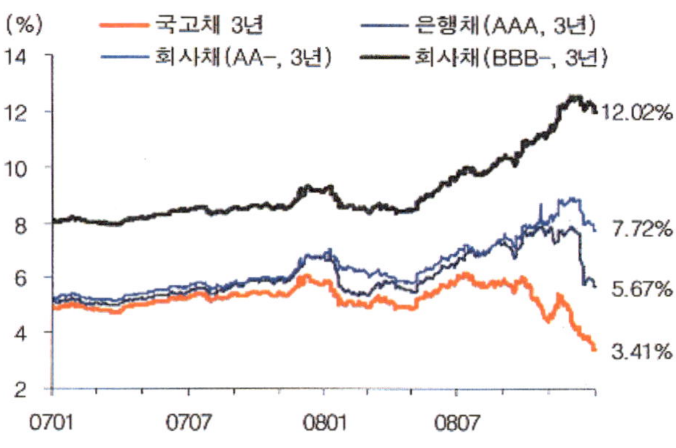

위 그림에서 보이듯이 서브프라임 위험이 증가하기 이전에는 회사채 BBB와 국고채 3년 사이의 스프레드가 일정한 수준에서 거래되었다. 그 러다가 위험이 확대되어 2008년 11월 정부가 급격하게 정책금리를 내리 자 국고채 3년은 정책 금리 하향에 따라 내려 왔지만 회사채 BBB는 오히 려 상승하고 기간이 좀더 지나서 조금 하향하는 형태를 보이게 되었다. 일반적으로 위험이 확산될수록 지표물과 비지표물 사이의 스프레드는 확 산되고 안전 자산 선호 현상에 따라 '국책 금리 인하 → 시장 금리 자율 조정'이 정상 시장에서는 빠르게 작동된다. 반면 금융 위기가 발발하면 국가에서 정책 금리를 조절하는 것과 별개로 시장에서 결정되는 금리인 지표물 금리와 비지표물 금리는 빠르게 작동되지 않을 수도 있다. 위 그 림에서 보이듯이 정책 금리 인하 → 국고채 조정 → 은행채 조정 → 우량 회사채 조정 → 비 우량 회사채 조정의 순서로 조정이 되었고 2009년 12

월 말 여전히 국내 BBB등급의 회사채는 9%에 가까운 시장 금리가 형성되어 있다. 지표물과 비지표물에 관해 두 가지를 알아두자.

첫째, 위기가 확산될수록 지표물-비지표물 사이의 스프레드는 확산된다
둘째, 확대된 스프레드는 일반적으로 안정성 순서에 따라 시중 금리가 조정받아 하향 안정화된다

수익률 갭(Yield-Gap)곡선

한 가지 지표로 '주식에 투자하는 것이 좋을까? 채권에 투자하는 것이 좋을까?'에 대한 대답을 얻을 수는 없다. 그러나 주식시장과 채권시장을 간략하게 비교해 볼 수 있는 지표가 있다. 예를 들어 우리나라 유가증권의 PER = 12, 국고채 3년 금리가 5%라면 주식시장의 예상 수익률은 PER의 역산인 8.3% = 1/12이고, 국고채 3년 금리 5%는 PER 20(1/0.05)에 해당된다. 간단하게 정리하면 다음과 같다.

주식 수익률 VS 채권 수익률

	PER	예상수익률	위험도
주식시장	12	8.3%	높음
채권시장	20	5.0%	확정적임

우리나라 국가에서 발행된 국채는 대한민국이라는 국가가 부도를 선언하지 않는 한 5%의 금리가 거의 확정적이라고 할 수 있다. 반면에 주식 시장이 현재 PER = 12라고 하여 향후 주식 시장이 한 해 동안 8.3%만큼 성장하리라고 보장할 수 없다. 때문에 주식 시장의 예상 수익률은 매우 가변적이라고 할 수 있다. 확정적인 수입을 얻는 채권에 비해 위험이 훨씬 많은 주식이지만 그 위험을 보상할 만큼의 플러스 알파가 보장되어야만 투자자는 채권이 아닌 주식 시장에 투자를 하게 된다. 채권의 확정된 수익보다 불확실하지만 높은 수익을 위해 주식 시장으로의 투자를 고려하는 것이다.

주가 예상 수익률에서 무위험 자산 수익률을 뺀 값을 위험 프리미엄이라고 하는데, 위험 프리미엄 값이 커질수록 투자자는 위험을 감안하더라도 주식 투자를 선호하게 되고 위험 프리미엄 값이 축소될수록 불안정 자산인 주식보다 안정적인 채권 투자를 선호하게 된다. 여기서 주가 예상 수익률과의 비교 대상인 무위험 자산 수익률을 무엇으로 하는가가 중요한데 시중에서 일반인이 접근 가능한 투자수단은 국고채 3년이 가장 합당하다는 게 저자의 생각이다. 이를 토대로 위험 프리미엄을 구하면 다음과 같다.

위험 프리미엄 = 주식 예상 수익률 − 국고채 3년 수익률 = 8.3% − 5% = 3.3 %

위험 프리미엄이 증가하려면 주식 예상 수익률이 증가하거나 국고채 3년 금리가 하락하여야 한다. 주가 예상 수익률이 증가하면 PER가 낮아지거나, 후자인 금리가 하락할 경우에도 위험 프리미엄이 증가하여 주식 투자에 대한 선호도가 채권 투자보다 상대적으로 증가하게 된다. 반대로 위험 프리미엄이 감소하려면 PER가 높아져 주가 수익률이 낮아지거나 금리가 인상되어 채권 수익률이 높아져야 상대적으로 주식보다 채권이 선호되게 된다. 이러한 주가 수익률과 채권 수익률 사이의 관계를 나타낸 것을 수익률-갭 곡선이라고 부른다.

아래는 종합주가지수와 Yield Gap 사이의 관계를 나타낸 그림이다. Yield Gap은 1/PER-금리를 기준으로 했는데 수익률 갭이 확대될수록 주식 투자의 매력은 증가하고 수익률 갭이 감소할수록 주식 투자의 매력은 감소하므로 Yield gap은 주식과 채권 사이의 양호한 지표로 활용할 수 있다.

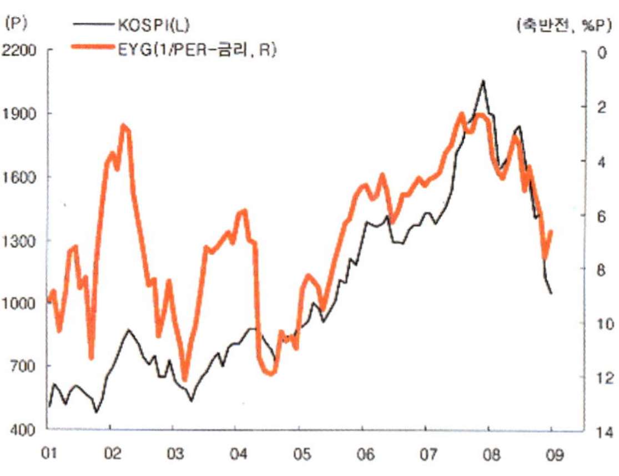

종합지수-Yield Gap(1/PER-금리)/자료 : 대우증권

장-단기 금리 차이의 확대/축소의 의미

경기 선행 지수 구성 항목에도 포함된 장-단기 금리 차이는 일반적으로 장기 금리가 단기 금리보다 높은 확장 국면과 중앙 정부에서 단기 금리를 올릴지라도 정부가 국책 금리를 올린 만큼 시장에서 금방 반응이 오지 않기에 장-단기 금리가 축소되다가 일정 시점이 지난 이후에 일반적으로 경제가 수축 국면에 들어서는 경향이 있다. 아래는 우리나라 경제 발전과 장-단기 금리 차이에 관한 그림이다.

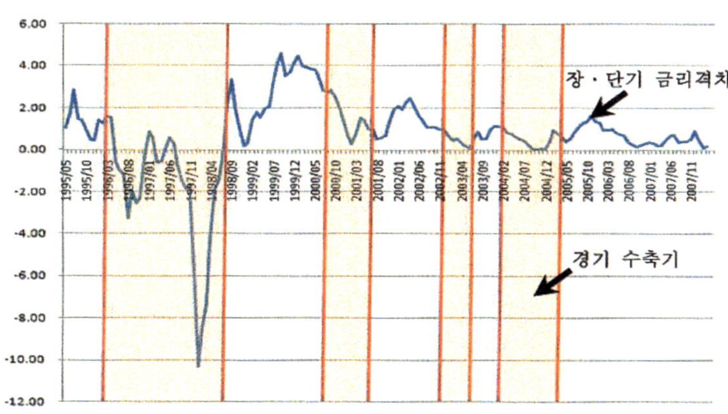

출처 : 한국은행 금융경제연구원,이명수

장-단기 금리 차이_{국고채 3년-Call 금리}는 위에서 설명한 수익률 곡선과 유사한 의미를 가지는 것이다. 수익률 곡선이 만기에 따른 전체 금리 기간 구조를 살펴본다면 장-단기 금리 차이는 국책 금리와 시중에서 가장 유동성이 풍부한 지표물 채권인 국고채 3년과의 격차를 의미하는 것이다. 국가 부도 사태가 있었던 IMF 시절의 특수성을 제외하면 Call 금리가 국고채 3년 금리를 넘지 않는 것이 일반적이다. 경기 호황이 지속되면 중앙은행에서는 물가 상승 및 과잉 유동성 흡수를 위해서 단기 금리인 Call 금리를 올려서 장-단기 금리는 수축하게 되고, 경기 불황을 이기기 위해 단기 금리를 인하하면 단기 금리 인하 폭만큼 장기 금리가 단기적으로 반응하지 않기에 단기 금리와 장기 금리가 확대 국면에 놓이게 된다.

경기 불황의 막바지에는 불황을 타개하기 위해 통화량을 늘리기도 한다. 즉 단기 금리인 Call 금리를 내리면 장기 금리와의 격차가 벌어지고 이렇게 벌어진 격차는 시중의 유동성을 늘려 경기가 회복하게 되는데, 보통 6개월-12개월 정도의 시간차를 두고 경기가 호전되는 양상을 보인다. 단기 금리인 Call 금리를 올려 장기 금리인 국고채 3년 금리와 비슷해지거나, 혹은 아주 드문 일이지만 Call 금리가 더 높아질 경우 유동성 흡수로 경기가 수축기에 접어들기도 한다. 하지만 대부분의 경제 지표가 그렇다는 것일 뿐 반드시 그렇게 된다는 것은 아니기에 여타 지표와 함께 판단하는 것이 좋다.

LIBOR-OIS 스프레드 & TED 스프레드

투자에 관해 관심을 꽤 기울인 사람이라면 세계 경제가 달러화의 방출과 회귀의 반복이고, 대부분의 금융 위기 때마다 달러화가 강세였음을 알 수 있을 것이다. 최근의 서브프라임 사태까지 금융 위기 때, 달러화는 강세를 보였고 역사적으로 그랬듯이 향후에도 달러가 기축통화라는 강력한 지위에서 벗어나지 않는 한 금융 위기가 재발할 경우 달러화는 여전히 강세를 띨 개연성이 높다고 할 수 있다. 금융 위기가 발발되고 그 진폭이 커질수록 달러화는 미국의 재정 건전성을 떠나 기축 통화라는 이유만으로 강세를 나타내곤 했는데, 위험이 증가하는 것을 파악하기 좋은 단기 지표에 'LIBOR-OIS 스프레드'와 'TED 스프레드'가 있다.

'LIBOR-OIS spread'는 3개월 리보 금리와 OIS 금리와의 차이를 말하는 것이다. OIS 금리는 변동 금리인 1일 연방금리의 평균값으로 원금교환 없이 이자율만을 교환하기 때문에 신용위험이 거의 없다. LIBOR-OIS 스프레드 확대는 대부분 금융 시장의 유동성 문제로 인해 LIBOR 금리가 올라가 발생하게 되고 은행 간 국제 기준 금리 상승은 유동성 위험을 알리는 신호로 볼 수 있다. 2007년 여름 10bp^{베이시스 포인트}에서 가을에는 90bp까지 증가했다. 그 이후 2008년 리먼 브러더스 파산 이후 LIBOR-OIS 스프레드는 치솟았고, 10월10일에는 364bp까지 급증했다.

LIBOR-OIS 스프레드가 확대된다는 것은 자금을 대출해가는 시중 은행들의 채무불이행 위험이 높아지고 더 높은 이자율을 요구하여 LIBOR 금리가 상승해서 금융시장이 기능을 원활히 수행하지 못한다는, 잠재적인 경기 수축의 신호이다. 반대로 LIBOR-OIS 스프레드의 축소는 대출해가는 시중 은행들의 채무 불이행 위험이 낮다고 판단되어 LIBOR 금리가 하락하여 금융시장이 활성화되어 잠재적인 경기 확장의 신호로 볼 수 있다. 다음은 서브프라임 위기 이후의 LIBOR-OIS 스프레드 그림이다.

<h2 style="text-align:center">LIBOR–OIS 스프레드</h2>

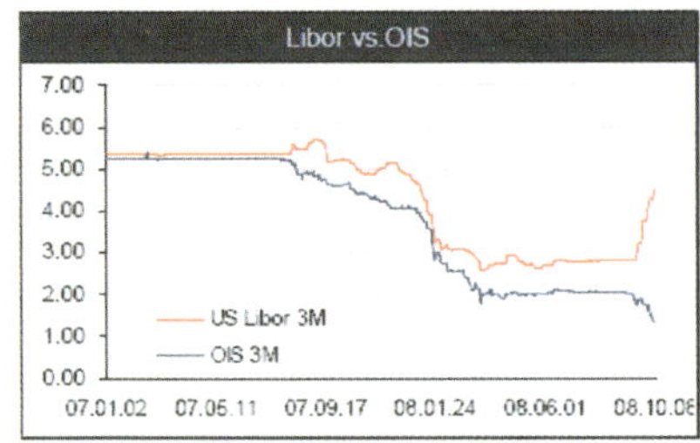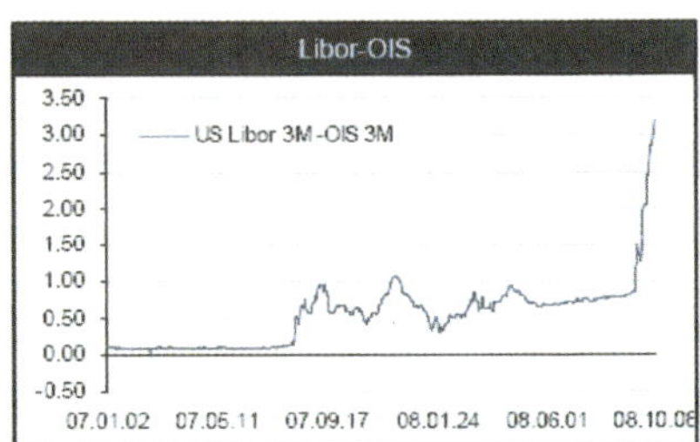

출처 : 현대선물

비슷한 개념으로 'TED 스프레드'라는 것이 있다. 이는 미국 국채 3개월 수익률과 런던 은행 간 금리인 리보 간의 차이로서 신용경색 정도를 나타내는 지표이다. 'TED'는 미국 국채T-Bill를 뜻하는 'T'와 리보LIBOR 3개월 금리가 유로달러를 비교하여 'LIBOR-T-Bill'의 차이를 나타낸다. 간략하게 LIBOR는 국제 금융의 기준이 되는 시장 금리이고 T-Bill은 미국의 국채 수익률을 의미하기에 시중금리와 국채 금리의 차이라 할 수 있다. 둘의 차이를 나타내는 TED 스프레드의 상승은 유동성 부족을 나타내고, TED 스프레드의 하락은 유동성이 풍부해지고 자금 구하기가 쉬워짐을 의미한다.

개념상 정확하지는 않으나 비슷하게 적용해 '시중 금리–대표적 안전자산'이라고 생각해 보자. 거래 상대방의 부도 위험 상승으로 인해 더 많은 금리를 요구하게 되면 이는 LIBOR 금리 상승을 불러오고 혹은 미국 국채가 하락한다는 것은 대표적 안전자산 선호 현상으로 T-Bill 금리가 하락하는 것으로 결국 LIBOR와 T-Bill의 차이가 확대되게 된다. 반대로

'시중 금리-대표적 안전자산'이 축소되는 과정은 시중 금리가 하락하든지 T-Bill 금리가 상승하는 경우로 거래 상대방 부도 위험이 줄어들어 시중 금리가 하락하거나 대표적 안전자산인 T-Bill 금리가 상승T-Bill 수요 감소한다는 의미이다. 결국 LIBOR와 T-Bill 사이의 스프레드 축소는 유동성이 풍부해지고 위험자산을 선호하게 됨을 의미한다.

구축효과와 유동성 함정

IMF사태가 발생했을 때, 그리고 최근에 서브프라임으로 인한 부실 채권을 정리하기 위하여 정부에서 펀드를 조성하겠다는 조치를 발표했다. 펀드 조성의 가장 큰 목적은 부실 채권을 매입하여 비우량 채권의 금리를 끌어내리기 위함이다. 하지만 정부에서 펀드를 조성하는 과정에서 시중 금융 기관에게 일정한 펀드 조성 금액을 배분한다면 금융 위기로 인하여 자금 조달에 어려움을 겪고 있는 금융 기관들은 어떻게 부실 채권 매입을 위한 펀드 금액을 마련해야 할까? 대부분의 금융 기관들은 유동성을 확보하기 위해 자신들이 가지고 있던 우량 채권을 팔든지 보유 주식을 내다 팔든지 해야 한다.

그런데 국가에서 부실 채권을 매입하는 펀드를 조성하려는 목적은 불량 채권을 매입하여 비우량 채권의 금리를 끌어내리는데 목적이 있다. 자신들에게 할당된 펀드 금액이 크다면 금융 기관들은 유동성을 확보하기 위해서 보유하고 있던 우량 채권을 시중에 내다 팔아야 하고 결국 우량 채권 금리도 상승하게 되는 효과가 나타나게 된다. 이것을 구축효과라고 한다. 금융 위기가 발발하면 그 진폭에 따라 나라에서 부실 채권 매입을 위한 펀드를 조성하여 강제적으로 비우량 채권 금리를 끌어내리려고 조치할 때가 있다. 본래 목적은 재정 확대를 통하여 시중 금리를 끌어내려 성장률을 올리려는 것이지만 오히려 통화량만 늘고 금리는 내려오지 않아 늘어난 통화량만큼 물가만 상승하게 되어 결국 재정 확대 정책이 물가만 올리는 구축효과가 일어나기도 한다. 금융 위기가 심화되어 부실 채권을 매입하기 위한 펀드를 조성할 경우 시장에서는 대부분 구축효과를 우려하여 우량 채권인 국고채 금리가 상승한다. 하지만 IMF와 서브프라임 사태 시에 부실 채권을 매입하기 위한 펀드를 조성했지만 구축효과는 나타나지 않았다. 한국 은행에서 펀드 조성을 위한 자금을 많은 부분 출자하기 때문이기도 하지만 시장의 지나친 기우로 끝나는 경우가 많아서이다. 137쪽 국고채 3년 그림

한편 국책 금리를 내리면 대부분 시중 금리는 따라서 내려오게 된다. 하지만 시장 참여자들이 더 이상 시중 금리가 하락할 공간이 없다고 느껴지는 지점에서는 국책 금리를 아무리 내려도 시중 금리가 더 이상 하락하지 않게 된다. 이것을 유동성 함정이라고 표현한다. 현실적으로 유동성 함정에 빠질 만큼 정부에서 국책 금리를 한없이 내리지도 못하겠지만 최근의 서브프라임 사태로 인하여 우리나라 국책 금리를 급격하게 2%까지 내렸을 때에도 시중 대표 금리인 국고채 3년 금리는 국책 금리를 따라 내려오다가 더 이상 내려오지 않는 유동성 함정의 근처까지그림의 파란색 부분갔다. 즉 더 이상 시중 금리가 하락하지 않을 만큼 금리 수준을 내렸다는 게

저자의 생각이다.

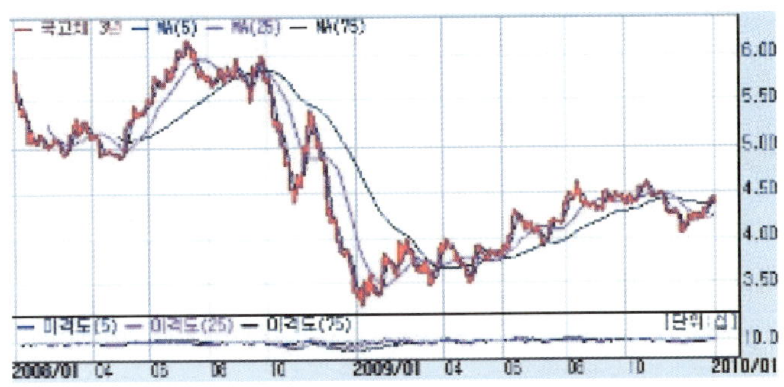

국고채 3년 금리의 구축효과와 유동성 함정

출처 : 현대선물

개인투자자가 채권 현물에 투자하기에는 무리가 따른다. 개인 투자자 입장에서는 향후 금리가 오를 것으로 예상되면 국채 선물 매도로, 향후 금리가 내릴 것으로 예상되면 국채 선물 매수를 하거나 최근에 상장된 국고채 ETF를 활용하는 방법도 좋다.

개인 투자자라면 채권에 투자를 하지 않더라도 채권, 곧 돈의 흐름을 나타내는 여러 지표들에 관해 익숙해져야 한다. 금융 위기는 일반적으로 주식 시장보다 채권 시장에서, 장기물 흐름보다는 단기물 흐름에서, 우량 채권보다는 비우량 채권에서 그 징후가 먼저 감지되는 경향이 있다. 확장과 수축을 반복할 수밖에 없는 자본주의의 속성을 제대로 이해하기 위해서라면 주식 투자만을 하는 투자자라도 채권에 대해 꼭 먼저 공부하길 권한다.

4. 주식의 기본적 분석

다음은 저자의 동문이자 개인적으로 가장 존경하는 투자자인 워렌 버핏의 기자 회견장에서 일어났던 유명한 일화이다. "당신처럼 주식 투자를 잘하려면 어떻게 해야 합니까?" 하고 기자가 묻자 워렌 버핏은 "사업보고서를 보세요" 라고 대답했다. "상장되어 있는 회사가 너무 많은데 간추려서 본다면 어디서부터 보는 것이 좋을까요?"라는 기자의 되물음에 워렌 버핏은 이렇게 대답했다고 한다. "A to Z" 즉 전부 다 보라는 말이었다.

저자가 느끼기에도 주식 투자는 정말 어렵다. 설사 워렌 버핏이 미국에서, 그리고 전 세계에서 현존하는 가장 성공한 투자자라 할지라도 어느 정도 시장에서 운이 따라 준 결과임을 부인할 순 없다. 물론 운이 따라주기 이전에 우리나라에 상장된 기업의 몇 배에 해당되는 사업보고서를 즐겨 읽는 것으로 유명하니만큼 철저히 분석을 했을 것이다. 저자는 향후 고객의 자산을 받아 운용하기 위해 리서치 팀을 이끌고 있는데, 제일 염두에 두고 있는 것이 '사업 보고서'를 최대한 탐독하는 것이다.

주식 투자를 잘하려면 산업 전반에 대한 해박한 지식도 갖춰야 하고 그 회사가 영위하는 사업의 이익 구조도 알아야 한다. 그렇다면 차트만 보고 그러한 것을 알 수 있을까? 저자는 절대 그렇다고 생각하지 않는다. 통계 학적으로도 출발점이 잘못된 기술적 분석은 다만 참고로 활용하되 지나 치게 맹신하지 말기를 당부한다. 저자가 생각하기에 주식 투자를 잘하는 사람은 박사 학위 이상의 재무 지식을 가진 투자자보다는 재무 지식은 해 박하지 않더라도 다양한 분야에 대한 해박한 지식으로 무장하고 군중 심 리를 잘 읽어내며 사회적 Trend를 읽어낼 수 있는 사람이다. 즉 '사회적 통찰력'을 갖춘 사람이다.

주식 투자를 잘하려면 기초적인 재무 지식을 갖춘 뒤, 자기 주변부터 시작해서 사람과 관련된 모든 사회적 현상에 관심을 기울이는 노력을 해 야 한다. 주식 투자 분야에서 기본적으로 알아둬야 할 부분을 정리하면 다음과 같다.

- 예상 주가 계산 방법들
- 재무비율 분석
- 공시를 통한 사업보고서 숙독
- 산업별 특성에 대한 파악
- 중요 수급 상황 파악

예상 주가 계산 방법들

증권사에서 배포하는 리포트들을 보면 향후 적정 주가를 산정하곤 한다. 적정 주가를 산정하는 방법에 절대적인 것은 없으며 모두가 상대적 장단점을 가지고 있다. 예상 주가는 대부분 가정에서 출발하는 경우가 많으므로 대부분 오류로 끝날 가능성이 많다. 애널리스트가 예상 적정 주가를 구하듯 개인 투자자가 예상 주가를 구해가면서 투자를 하는 건 힘들 것이다. 그럼에도 기본적 개념만은 파악해두는 게 좋을 것이다.

예상 주가 계산 방법은 크게 현금할인모형 Discounted cash flow method, 배수모형, EVA모형으로 나뉠 수 있다. 여기서 저자가 하고 싶은 말은 굳이 예상 주가를 계산하는 방식을 알 필요는 없지만 주가에 결정적인 영향을 미치는 요소들에 관해서는 관심을 기울여야 한다는 점이다. 예를 들어 현금 할인 모형의 수식에서는 잉여 현금 흐름이 증가하거나, 평균 자본 조달 비용이 하락하면 기업 가치는 상승하게 된다. 성장하는 기업의 배당 모형을 보면 주가는 배당을 많이 하고, 기업 성장률이 높을수록 주가는 상승하게 되어 있다. 이와 같이 주가에 영향을 미치는 요소들에 관심을 가지길 바란다.

1. 현금 할인 모형

현금 흐름 Free Cash Flow: FCF을 해당기업의 가중평균 자본 비율 Weighted Average Cost of Capital: WACC로 할인하여 가치 평가를 구하는 것으로서 향후 예상되는 잉여 현금 흐름과 잔존가치를 기업이 조달한 비용으로 할인한 값이다. 크게 세 부분에서 오류를 범할 수 있고 개인 투자자에게는 시간도 오래 걸리는 방법이므로 이러한 방식이 있다는 정도로만 알아도 된다. 여기서 WACC란 부채비용×부채비중 + 자기자본비용×자기자본비중이다.

문제 1) 매우 가변적인 경제 환경에서 향후 현금 흐름을 예상한다는 것은 불가능에 가까움

문제 2) 과거의 평균자본비용이 미래에도 매해 동일하게 적용된다는 것은 현실성이 없음

문제 3) 향후 기업의 잉여현금과 잔존가치를 5년, 10년, 20년으로 기간을 달리할 때마다 적정주가 달라짐

수식) 현금 흐름접근법평가 방식

$$기업가치 = \sum_{t=1}^{n} \frac{잉여현금\ 흐름}{(1 + WACC)^t} + \frac{기업의\ 잔존가치}{(1 + WACC)^n}$$

Ex) 향후 잉여 현금 흐름이 성장 없이 매해 100억 원이고 잔존가치가 1000억 원이고 가중비용WACC이 6%라면 이 기업의 현금 할인 모형에 따른 가치는 다음과 같다.

$$기업가치 = \frac{100억}{(1.06)} + \frac{100억}{(1.06)^2} + \frac{100억}{(1.06)^3} + \cdots\cdots + \frac{100억}{(1.06)^9} + \frac{100억 + 1000억}{(1.06)^{10}}$$

즉, 기업 가치는 현재 가치로 1,204억 원이 된다. 산술식에서 나타나듯 현금 할인 모형은 채권 값의 계산과 동일한 과정이라고 볼 수 있는데 위에서도 언급했듯 현금 할인 모형은 개인 투자자들이 실제로 사용하기에 적합하지 않다는 게 저자의 생각이다.

1-2. 배당 평가 모형

위의 현금 할인 모형이 기업 측면에서 기업 가치를 계산했다면 주식을 보유한 보유자 입장에서 주식 보유로 인해 얻은 수입은 배당금이고 매도 시점에 주식의 잔존가치가 남게 된다. 주식 투자자의 요구 수익률이 r이고 n연도까지 보유했다면 배당 평가 모형은 다음과 같이 쓸 수 있다.

$$\text{주식의 가치} = \frac{\text{배당금}}{(1+r)} + \frac{\text{배당금}_2}{(1+r)^2} + \frac{\text{배당금}_3}{(1+r)^3} + \cdots\cdots + \frac{\text{배당금}_n + \text{주식의 잔존가치}_n}{(1+r)^n}$$

현재시점에서 주식의 가치는 n년도까지의 가치 + n년도 이후의 가치의 합과 같으므로 결국 현재의 주가는 다음과 같이 표현될 수 있다.

$$P_0 = \sum_{n=1}^{\infty} \frac{D_n}{(1+r)^n} \quad D : \text{배당금}, \ \ r : \text{투자자의 요구 수익률}$$

배당 모형은 잠시 보유를 하든 장기간 보유를 하든지 간에 보유기간에 상관없이 주식의 이론적 가치는 동일하다. 주가의 내재가치는 영속적인 미래배당흐름을 요구 수익률로 할인하는 방식인데, 향후 배당이 줄거나 일정하거나 배당이 동일하게 증가하거나, 초과 성장으로 인하여 배당이 매 해 증가하는 경우를 들 수 있다. 기업이 성장할 경우의 배당 모형을 감안한 모델은 다음과 같이 주어지고 수식에 관한 자세한 내용보다는 의미를 살펴보자.

$$P_0 = \sum_{n=1}^{\infty} \frac{D_n}{(r-g)^n} \quad D : 배당금, \ r : 요구\ 수익률, \ g : 기업\ 성장률$$

위 식에서 주가가 상승하기 위해서는 분자가 커지거나 분모가 작아지면 된다. 반대로 분자가 작아지거나 분모가 커지면 주가는 작아지게 된다. 결국 주가가 상승하려면 분자를 늘리기 위해서 배당을 늘리던지 분모를 작게 하기 위해 기업이 지속적으로 상승하여야 한다.

2. 배수 모형

애널리스트들이 예상주가를 산정할 때는 대부분 PER, PBR, EV/EBIDA 등의 배수 모형을 이용한다. 배수 모형에서도 현금 할인 모형처럼 예측변수들이 들어가야 하기에 애널리스트들마다 모두 다른 적정주가가 나올 수밖에 없다. 따라서 리포트를 보더라도 지나치게 적정주가에 관심을 기울이지 말기를 바란다.

· PER의 의미와 이를 이용한 적정주가 산정 방법

PER란 '주가/주당순이익'을 말하는 것으로 꼭 주식에만 국한된 개념은 아니다. 예를 들어 대형 음식점을 여는데 총 10억 원의 투자금이 들어

갔고 매해 평균적으로 1억 원을 벌었다면 PER = (총투자금액/1년간 순이익) = (10억/1억) = 10이라고 볼 수 있다. PER 예측 모형의 과정은 다음과 같다.

먼저 향후 1년간 주당순이익EPS: Earnings Per Share을 예측하고 기업의 평균적인 주가수익비율PER을 산정한 이후에 추정된 주당순이익EPS과 예상 PER를 적용하여 둘을 곱하면 향후 예상 주가가 결정된다.

Ex) 현재 주가 1만 원 지난해 당기순이익 1000원, 현재 PER 10

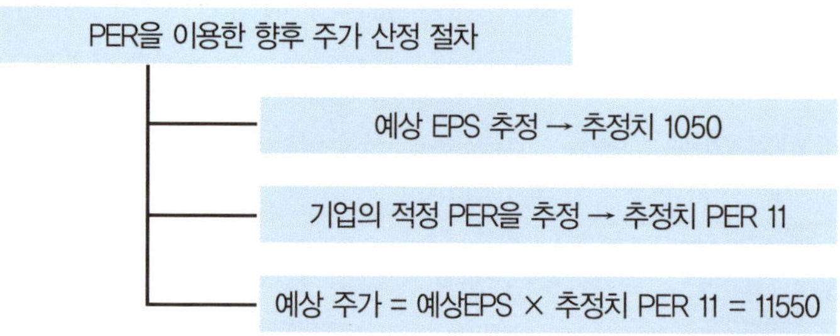

현재의 PER는 과거의 자료인 주당순이익EPS만으로 사용된다. 개별 기업의 경우엔 비용이나 매출 재고 등을 통해서 언제나 조절이 가능한 것이 순이익이다. 이러한 개념을 알고 있다면 현재 PER가 낮다는 이유만으로는 좋은 투자 지표일 수 없다. 또한 미래 주가를 예측하기 위해 PER를 사용하는 과정 또한 예상EPS×예상주가수준의 결과이다. 즉 예상 EPS는 주관적 결과이며 적정 PER 수준 또한 주관적으로 달라질 수 있다. 예상 주가는 추정치 × 추정치의 결과이므로 애널리스트들의 6개월 혹은 1년 후의 예상 주가가 전혀 달라도 너무 이상하게 생각해선 안 된다. 추정치

× 추정치로 미래 주가를 정확히 예측하려 하는 과정 자체가 당연히 오류의 범위를 넓게 할 수밖에 없다.

주가수익비율인 PER를 이용할 때 다음 사항을 주의하길 바란다.

첫째, 신문이나 언론에 공표되는 PER는 과거 자료이다. 핵심은 미래의 EPS 산정에 있다.

둘째, 업종별로 PER는 매우 다르게 측정된다. 천편일률적으로 모든 산업을 동일시하지 말라.

셋째, 개별기업의 PER의 의미보다는 전체 주식 시장 혹은 업종별 PER의 높아지고 낮아짐에 더 관심을 두라.

넷째, 애널리스트들의 예상 EPS와 적정 PER를 곱한 추정치에 지나치게 집착하지 말라. 추정치일 뿐이다.

다섯째, 예상순이익에 사용되는 당기순이익보다 때로는 경상이익 혹은 영업이익이 더 논리적일 수 있다.

주당순자산PBR을 이용한 주가 예측

주당순자산PBR=Price/BPS으로 미래의 주가를 산정하는 기준도 PER를 통해 주가를 산정하는 기준과 동일하다. 예를 들어 현재 주당순자산Book Per share이 2만3000원이고 현재 PBR 1.3인 기업의 PBR을 통한 주가 예측은 다음과 같다.

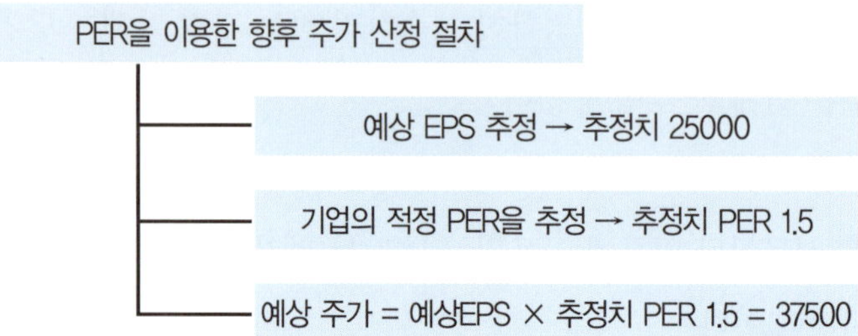

PBR을 통한 주가의 예측 또한 주당순이익을 통한 예측과 동일하게 추정치×추정치이므로 오류의 범위가 넓을 수밖에 없다. 하지만 PBR을 통해 다음 수식을 참고하고 PBR을 좀 더 유용하게 활용할 수 있는 방법을 살펴보자.

$$PER = \frac{\text{시장가격}}{\text{장부가격}} = \frac{\text{순이익}}{\text{장부가격}} + \frac{\text{시장가격}}{\text{순이익}} = \text{자기자본순이익률} \times PER = ROE \times PER$$

$$PER = ROE \times PER = \frac{\text{순이익}}{\text{매출액}} \times \frac{\text{매출액}}{\text{총자본}} + \frac{\text{총자본}}{\text{자기자본}} \times \frac{\text{시장가격}}{\text{주당매출}}$$

$$= \text{마진} \times \text{활동성} \times \text{부채레버리지} \times \text{이익승수}$$

위 식을 보면 PBR에는 많은 정보가 담겨있음을 알 수 있다. PBR=ROE×PER의 의미가 될 수 있으므로 자기자본 이익률ROE는 부채가 높을수록 레버리지 효과로 인해서 ROE가 높아지는 효과가 있다. 이러한 사실을 염두에 둔다면 부채 비율이 낮으면서 ROE가 높은 기업은 투자 매력도가 있고, 같은 의미로 저PBR임과 동시에 고ROE인 기업은 투자 매력도가 높다고 할 수 있다.

코드	기업	PBR(배)		연간 ROE(%)		PBR(배)
		현재	2001~2008년 평균	해당기업	업종평균	(3/4분기까지 의 BPS기준)
A009830	한화석화	0.65	0.65	15.88	14.28	0.65
A078930	GS	0.76	1.07	14.14	10.93	0.72
A011170	호남석유	0.79	0.96	25.05	14.28	0.80
A000880	한화	1.31	1.51	30.56	14.28	1.32
A018880	한라공조	1.36	1.65	12.34	8.83	1.43
A066570	LG전자	1.69	2.40	22.52	13.51	1.63
A035250	강원랜드	1.83	3.31	22.74	15.14	1.93
A103150	하이트맥주	2.31	2.61	18.86	13.95	2.29
A095720	웅진씽크빅	3.13	3.47	26.95	15.14	3.42

출처 : Fnguide, 우리투자증권 (2009/11/25)

3. EVA(Economic Value-Added) 모형

EVA 모형이란 부채비용만을 인식하고 자기자본의 비용은 인식하지 않던 기존의 대차대조표 및 손익계산서와 달리 기업이 이익을 내기 위해 투하한 총자산과 손익계산서 상의 타인자본 비용 및 자기자본 비용까지 고려하는 주주 입장에서 기업의 가치를 측정하는 것이다. PER에서 주당순이익을 예측하는 것이 중요한 관건이라면 PER 모형의 주당순이익에 해당되는 새로운 개념이 EVA라고 볼 수 있다. EVA는 세후순영업이익 NOPAT: Net Operating Profit After Taxes 에서 기업의 총자본비용금액을 차감한 값으로 기존의 타인자본 비용만을 고려하던 것에서 자기자본비용까지 고려하면서 기업가치를 산정하는 방식으로 다음과 같다.

EVA = 세후순영업이익NOPAT − 투하자본비용 = 세후순영업이익 − (투하자본 × 가중평균비용WACC)

= 투하자본 × (투자자본수익률ROIC − 가중평균비용WACC)

다소 복잡해 보이지만 개념만 보자면 어렵지 않다. 기존의 당기순이익은 주주 비용 즉 자기 자본 비용을 계상하지 않았지만 자기 자본의 기회비용을 감안하여 당기순이익을 주주 입장에서 새로이 조절한 것이 EVA의 개념이라 할 수 있다. NOPAT, WACC, ROIC 등 전문 용어가 익숙하지 않고 굳이 어떻게 계산을 해야 하는지 알지 않아도 좋다. 대부분의 홈트레이딩시스템HTS이나 인터넷을 통해서 기업의 EVA 측정을 위한 지표들이 나와 있다. 아래 그림을 참조해보자.

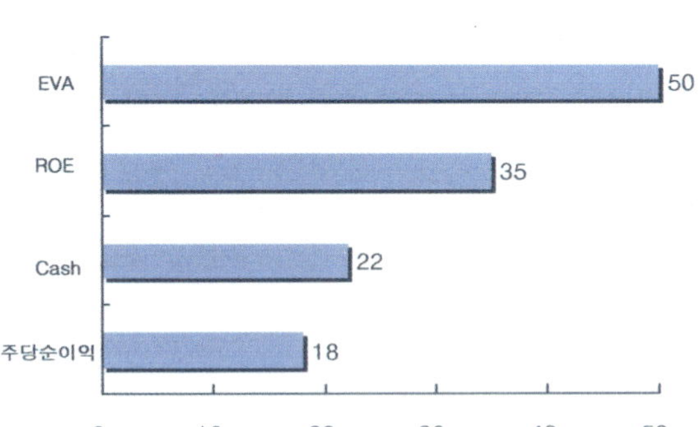

미국 기업들의 주가와 주가지표들 사이의 상관관계를 분석해 본 결과

EVA지표가 어떤 설명변수보다 주가를 잘 설명해주고 있음을 알 수 있다. 또한 매해 경제적 부가가치의 현재 가치를 MVA^{Market Value-Added}라고 표현하는데 가중 조달 비용^{WACC}가 동일하다고 가정할 경우 다음과 같이 쓸 수 있다.

$$MVA = \frac{EVA_1}{(1+WACC)^1} + \frac{EVA_2}{(1+WACC)^2} + \frac{EVA_3}{(1+WACC)^3} + \cdots\cdots$$

MVA^{Market Value-Added} 값이 정해지면 이론 주가는 다음과 같이 산정된다.

이론주가 = 주당순자산 + MVA

EVA에 의한 주가 예측은 위 식에서 잘 나타나듯이, 세후순영업이익^{NOPAT}을 높이거나 평균조달비용을 낮추거나^{WACC} 투자자본수익률^{ROIC}를 높이면 된다. 세 부분에 의해 EVA의 값은 결정되고 PBR보다는 EVA에 의한 예상 주가가 같거나 높게 나오게 됨을 알 수 있다. 투자자본수익률을 기업의 효율적인 잣대로 볼 수 있는데 이에 대한 자세한 설명은 지면상 생략한다. 그리고 HTS를 통해서 충분히 알 수 있는 결과이므로 EVA의 개념과 EVA에 의한 주가 예측 모델에서 영향을 미치는 요소들에 관해 관심을 가지길 바란다.

재무비율 분석

　재무비율 분석은 재무제표의 계정 과목 중 상호 관계가 있는 두 개의 항목을 비율로 산정해 측정함으로써 기업경영을 안정성, 수익성, 생산성 등으로 판단하는 방법이다. 이것의 가장 큰 단점은 미래가 아닌 과거의 자료로 분석한다는 점이다. 재무비율에 대해 간략하게 정리하면 다음과 같다.

재무비율 분석

구분	이름	산식(%)	의미
안정성 비율분석	유동성비율	유동자산/유동부채	단기채무를 지급하기 위한 단기 현금성 자산의 비율
	부채비율	부채/자기자본	자기자본으로 부채를 얼마나 충당하는가의 비율
	이자보상비율	영업이익/이자비용	영업이익이 조달비용의 몇 배에 해당하는가를 살핌
수익성 비율분석	총자본수익률	순이익/총자본	총자본이 어느 정도의 순이익을 실현했는지 나타냄
	자기자본수익률	순이익/자기자본	자기자본을 얼마나 유용하게 운용했는가의 지표
	매출액영업이익률	영업이익/매출액	매출에서 영업이익률이 얼마나 되는가를 살펴보는 것
	매출액순이익률	순이익/매출액	매출에서 순이익이 얼마나 발생했는지를 알아보는 것
성장성 비율분석	총자본증가율	당기총자본/전기총자본 -1	총자본이 얼마나 증가했는지 알아보는 것
	매출액증가율	당기매출/전기매출액 -1	매출이 얼마나 증가했는지 알아보는 것
	순이익증가율	당기순이익/전기순이익 -1	순이익이 얼마나 증가했는지를 알아보는 것
활동성 비율분석	총자본회전율	매출액/총자본	총자산이 매출을 올리는데 반복된 횟수를 의미
	매출채권회전율	매출액/매출채권	매출채권의 회전속도를 측정하는 비율
	자기자본회전율	매출액/자기자본	자기자본의 이용 정도를 나타내는 비율

구분	이름	산식(%)	의미
시장가치 비율분석	주가수익비율	주가/주당순이익	PER라고 하며 낮을수록 좋음
	주가자산비율	주가/주당순자산	PBR이라 하며 낮을수록 좋음
	주가현금흐름비율	주가/주당현금 흐름	PCR이라 하며 PER와 달리 현금 흐름을 중시
	주가매출액비율	주가/주당매출액	PSR이라 하며 낮을수록 좋음
	주당순이익	당기순이익/총주수	주식 1주당 순이익을 나타냄
	토빈의 q	자산의시장가치/대체비용	토빈의 q가 1보다 작으면 M&A의 대상이 될 수 있음

재무비율 분석의 한계는 무엇보다 과거의 자료라는 점이다. 대차대조표와 손익계산서는 모두 지난 분기의 것이 가장 최근 자료이다. 불과 몇 개월 사이에 서브프라임 효과로 인하여 종합주가지수가 30-40% 이상 변동할 만큼 변동성이 크고 빠르게 변화하는 금융 시장에서 가장 최근의 자료가 최근 분기 혹은 지난 해 자료라는 것은 커다란 단점이 된다. 또한 비율 분석을 통한 기업 분석을 할 경우 한두 분기 비율에 관해 지나치게 집착하지 말아야 한다. 그것들보다 중요한 비율은 이자보상비율, 부채비율, 매출액영업이익률, 매출채권회전률, PBR, PSR, PCR 정도이다. 그러나 개별 기업일수록 매출채권, 비용과소 상계 등으로 당기순이익을 회계 조작할 수 있고 오류가 날 수도 있기에 매출액과 영업이익 등 위주로 봐야 한다.

공시를 통한 사업보고서 읽기

우리나라는 전자공시시스템 http://dart.fss.or.kr이 잘되어 있기로 유명하다. 그럼에도 불구하고 고객들을 만나보면 전자공시가 무엇인지도 모르는 투자자들이 너무 많다. 대부분의 사람들이 주식 투자를 하면서도 쉬운 길로만 가려고 하기 때문이다. 처음 주식을 접하는 대부분의 초보자들이 잡는 책이 '기술적 분석'에 관한 책인데, 현장에선 차트에 관한 몇몇 전문 용어들을 익힌 후부터 강한 자신감을 보이는 투자자들 또한 무척 많다. 그러나 투자의 세계는 시간이 지날수록 어렵다. "선무당이 사람을 잡는다"는 표현도 있듯 때로는 오랜 시간 차트에 관한 강의를 들어야 하는 경우도 비일비재하다. 차트만으로도 시장수익을 초과하는 수익을 누린다면 굳이 자신이 투자하려는 기업의 사업보고서를 볼 필요가 없을 것이다. 그러나 저자는 차트분석만으로 높은 수익을 올렸다는 투자자를 아직까지 본 적이 없다. 투자에 관해 공부를 할수록 차트가 가진 한계를 많이 느낀다. 저자는 통계학을 전공한 통계학도이지만 오히려 차트를 덜 보려고 하는 편이다.

사업보고서를 읽는 것은 지루한 일이다. 이것은 저자의 주관적인 판단이 아니라 객관적으로 대부분의 사람들이 지루해 하는 일이다. 하지만 주식 투자로 부를 축적하겠다는 욕망이 있다면, 혹은 은행 이자보다 높은 수익을 올리고 싶다면 지루한 일이라도 노력을 기울여야 한다. 그리고 투자자가 가장 많은 노력을 기울여야 할 분야가 바로 사업보고서이다. 저자는 "사업보고서를 수도 없이 읽어보라"고 권하고 싶다.

저자는 고객들과 함께 몇 년 후에 소규모 운용회사를 만들려는 사업을 진행 중이고 아직 운용 회사가 정확히 어떻게 돌아가는지 경험하지 못했지만 모텔업, 중국집, 택배업 등은 어떻게 돌아가는지 알고 있다. 사업보고서의 중요성은 내가 모르는 분야에, 내가 모르는 회사에 투자하기 이전에 내가 투자하려는 회사가 그리고 그 회사가 속한 산업이 어떠한 특성을 가지고 있고 어떻게 해당 회사가 수익을 내고 있는지 등을 알려준다는 데에 있다. 그런 정보를 투자자가 직접 경험을 통해서 알면 가장 좋겠지만 그 많은 회사를 모두 경험할 수 없을 뿐더러 그렇게 많은 직업을 가질 수도 없다. 그러므로 간접 경험을 통해서라도 내가 투자하려는 회사가 무엇을 하는 회사이고 어떻게 수익을 내는지 그 회사가 속한 산업의 전망이 어떤지 등에 관해 자세히 설명한 사업보고서를 꼼꼼이 읽어야 하는 것이다.

사업 보고서를 읽는 과정은 참 재미없다. 자신이 모르는 분야의 사업이라면 더더욱 그렇다. 내가 모르는 분야에 대해 이야기하면 즐거울 사람이 어디 있겠는가? 하지만 저자가 이끄는 리서치 팀에서 제일 중요하게 생각하면서 꼭 진행하려는 것이 '사업보고서 읽기'이다. 기본적인 재무 용어 및 금융 지식을 습득하는 과정은 그렇게 오래 걸리지 않는다. 하지만 업종 및 회사가 어떤 방식으로 수익을 내고 거시적 경제 환경 변수들 중에서 가장 중요한 것이 무엇인가를 생각해보고 스스로 알아가는 과정은 대단히 중요하다. 바로 그런 과정이 사업보고서 읽기이다. 처음부터 끝까지 사업보고서를 읽는 것은 분명 힘든 작업이므로 초보 투자자들에게는 사업보고서의 몇몇 곳을 먼저 읽어보라고 권하고 싶다. 아래는 사업보고서의 일반적인 순서이다.

투자자라면 위 사업 보고서의 순서 중에서 '사업의 내용' 부분을 꼭 읽어 봐야 한다. 재무제표에 능숙하다면 재무에 관한 사항까지 읽는 게 좋겠지만 그건 시간이 꽤 오래 걸리는 일이다. 저자가 유학시절 회계학 교수들에게 "분식회계를 전문가도 찾기 힘든가?"라고 물은 적이 있다. 대부분이 "그렇다"라고 대답했다. 즉 재무제표에 관해서는 아주 기본적인 지식만으로 만족을 하자. 마음 먹고 분식 회계를 하면 전문가도 찾기 힘들다는 건 2000년대 초 월드콤 사태에서도 알 수 있다. 개인 투자자가 주식투자를 하기 위해서 회계전문가가 될 필요는 없다. 하지만 기본적인 재무 지식은 꼭 갖춰야 한다. 반드시 읽어야 하는 부분이 사업의 내용이고 가능하다면 재무제표 등도 참조해야 한다.

개별 기업을 추려내는 여러 가지 방법 중에서 가장 좋은 것은 재무적인 내용이라기보다 향후 유망 업종을 골라내는 통찰력과 혜안을 기르는 것이다. 그렇게 하기 위해서는 업종별 특성 및 많은 기업들이 어떤 방식으로 돈을 벌어들이는지 알고 있어야 한다. 그러한 것은 절대로 재무 용어나 재무비율 분석 혹은 차트를 통해서 알 수 없으며 체험이나 간접 경험인 사업보고서 등을 통해서만 체득되는 것이다. 요컨대 사업보고서를 꼼꼼이 챙겨 읽는 습관을 가진 투자자가 차트로만 기업을 파악하고 투자하는 투자자보다 좀 더 효율적인 것이다.

산업별 특성에 대한 파악

지금까지의 내용만 충실히 익혔다면 예상 주가를 산정하는 방식 및 재무비율을 통해 현재의 주가 수준이 어느 정도인가를 주관적 판단으로나마 가늠할 수 있고, 사업보고서 등을 통해서 투자하려는 기업이 무슨 회사이고 어떤 방식으로 돈을 벌고 있는지를 대략적으로 알 수 있을 것이다. 저자가 다음으로 중요하게 생각하는 부분이 산업별 특성에 대한 지식이다. 예를 들어 은행 업종에 투자하려고 한다면 여전히 우리나라 은행들 순이익의 70% 가량은 순이자마진Net Interest Margin이라 불리는 대출이자 - 조달비용의 차익임을 알아야 한다. 우리나라 은행들 역시 이자부분의 이익이 점점 하락하여 비이자 부분의 이익이 50% 가량을 구성하고 있는 미국이나 유럽의 은행 구조로 점차 바뀌어가는 과정인데 이자 부분이 이익의 큰 부분을 차지할 경우에는 ROA가 중요한 척도가 되지만 비이자 부분의 이익이 증가할 경우에는 중요한 척도가 ROE라는 산업적 특성을 알아야 한다. 개별 기업이 가진 BIS 비율이나 부실 채권 비율도 중요하지만 은행 업종은 결국 '이자 따먹기 + 기업금융에서 소매금융으로의 빠른 시장 전개'가 가장 큰 관건이라는 업종별 특성 또한 알고 있어야 한다.

또다른 예를 들어보자. 서브 프라임 여파로 대부분의 자산 가치들이 하락했던 2009년 초 무렵에 저자는 유가가 배럴당 35불 정도 수준일 때 강력하게 석유 분야에 투자를 권했던 적이 있다. 이는 단지 가격이 싸다는 이유보다 석유가 가진 기본적 속성을 어느 정도 파악하고 있었기 때문이다. 석유가 가진 기본적 속성은 다음과 같다.

· 유가는 달러로 표시되는 것이므로 일반적으로 달러 통화량이 늘 경우 강세이다.

· 석유는 다른 산업이나 제품과 달리 OPEC라는 강력한 카르텔에 의해 조정된다.

· 걸프만 연안 산유국들의 재정을 유지하기 위한 최소 유가는 배럴당 50-55불 수준이다.

· 비걸프만 연안 산유국들의 재정을 유지하기 위한 최소 유가는 배럴당 70-75불 수준이다.

· 유가는 통상적으로 미국의 오일 저축분의 증가 및 감소와 크게 연동된다

· 텍사스유, 브렌트유는 일반적으로 크루드보다 조금 높게 형성돼 있다(물류비용 및 투기적 수요).

· 태양광, 풍력 등 모든 대체에너지는 유가가 80불 이상일 경우 경제적 효과가 있다.

워렌 버핏이 배럴당 60불일 때, 석유에 투자하여 −40%에 육박하는 손실을 보고 있을 만큼 석유는 최적의 조건을 갖추고 있었는데 위에서 열거한 내용들 중에서 필자가 생각하기에 유가가 하락할 근거가 매우 희박했다. 이유는 다음과 같았다.

· 초저금리 및 양적 완화 정책으로 달러 공급 증가.

· 금융 위기 이전보다 공고한 OPEC 카르텔.

· 비 걸프만 산유국들의 재정 유지에 필요한 최소 유가의 50% 수준.

· 투기적 수요가 거의 없고 소비감소 우려로 서부텍사스유가 크루드유가와 역전된 상태.

· 예상보다 오일 소비량이 줄지 않아 미국의 오일 재고분이 크게 늘지 않음.

· 대체 에너지가 오일과 경쟁력을 갖기 위한 가격까지는 100% 이상 상승 여력이 있음.

저자는 장기 상품을 만드는 보험계리학을 전공한 금융 전문가이지만 "높은 투자 수익은 결코 재무적 지식에서 나오지 않는다"라고 생각한다.

사회에 대한 통찰력과 대중의 심리를 빨리 캐치하는 능력 등 재무적 지식과 다른 요소들이 때로는 더 많은 부분을 차지하는 것이 투자의 세계이다. 산업에 대한 넓은 이해는 개별 기업의 PER와 개별 기업의 차트를 통해서만으로는 절대로 습득되지 않으며 우선적으로는 폭 넓은 상식이 필요하다.

이 책을 읽는 독자가 노벨상을 받은 경제학자보다 높은 수익을 충분히 올릴 수 있는 곳이 투자의 세계이다. 시쳇말로 '계급장 떼고' 재무적 지식과 별개로 수익에서의 승패가 갈리는 곳이 금융 투자의 세계이다. 그럼에도 불구하고 최소한의 금융 지식을 먼저 쌓을 것을 권하는 것은 확률적으로 투자에서 좋은 결과를 얻기 위해서는 투자자 스스로 생각하고 결론을 내릴 수 있어야 하기 때문이다. 그런 능력을 보유하기 위해서는 최소한의 재무적 지식을 쌓고 산업별 특성에 관해 책을 사거나 인터넷을 뒤지거나 해서 독자들 스스로 공부하는 수밖에 없다.

현재 세계적인 초저금리 상황에서 향후 서서히 금리가 올라갈 경우 금리 상승 시기의 주도 업종에 관한 내용이다.

금리 상승 시기의 주도 업종

－초저금리에서 금리의 상승 시기라 함은 타인 자본 비용의 증가를 의미한다. ROE는 자기 자본 이익률을 의미하는데, 타인 자본 비용을 제외한 주주의 몫으로 ROE가 높은 기업은 금융 비용 증가에 대응할 수 있는 여력이 높다고 할 수 있다. 다만 지나친 부채 사용은 높은 ROE로 귀결되므로 높은 부채 비율을 가진 업종보다는 부채비율이 적으면서 ROE가 높

은 업종을 찾아야 한다. 또한 EPS 성장률이 높은 업종을 찾아야 하는데 EPS 성장률이 높다는 것은 경기 회복 속도가 빠른 업종이라 할 수 있다.

거시 경제 환경에 따라 조금씩 달라질 수는 있겠지만 금리 상승 시기에 '부채비율이 낮으면서 ROE가 높고, EPS 성장률이 높은 업종' 은 전통적으로 금융업종 및 전기 전자 및 자동차 업종이다. 다만 장기상품 위주의 보험 업종의 경우 경기 후퇴 시기에는 해약률이 높고 보험 가입 비율이 현저하게 둔화되는 경향이 있으므로 금융 업종 내에서 은행보다 매력이 적다고 할 수 있다.

중요 수급 상황 파악

업종 선택 및 기업 선택을 마치고 매수하려는 주식이 결정된 이후에 할 일은 중요 수급 상황을 파악하는 것이다. 주식뿐 아니라 모든 상품을 매도자들은 비싸게 팔고 싶어 하고 매수자들은 최대한 싸게 사고 싶어 한다. 이는 당연한 시장 원리이다. 그럼에도 주식이라는 상품은 다소 특이해서 자동차나 다른 내구재 상품처럼 시간이 지나더라도 감가상각이 생겨 가격이 하락하지 않는다. 대부분의 투자자가 노리는 것은 시세 차익이다. 이론적 주가 모형에 의하면 주식의 현재 주가 대부분은 배당 부분이 차지하고 있다. 그러나 배당 모형과는 전혀 별개로 대부분의 투자자들이 주식을 사는 이유는 배당을 얻기 위해서도 아니고, 기업의 진정한 주인인 주주가 되기 위함도 아니며 단지 '시세차익' 을 얻기 위한 것이다.

주식을 최대한 싸게 사는 것이 모든 매수자들의 바람일 것인데, 주식의 수급 파악에 앞서 권하고 싶은 원칙은 '사기 전에 충분히 리서치 하고 사고 난 이후에는 마음 졸이지 말라' 는 것이다. 주식을 매입하기 이전에는 시장을 중립적인 관점에서 보게 되고 리서치 하는 과정에서도 객관성을 확보할 수 있다. 하지만 주식을 매입한 이후에는 중립적인 관점이 아닌 상태가 된다. 매수 후 리서치는 "내 선택이 옳았다"는 것을 확인시키기 위한 재확인 과정으로 바뀔 수 있다. 그러므로 주식을 매수하기 이전 리서치에 80%의 노력을 기울이고 매수 이후 보유 및 매도 이전까지 나머지 노력 20%를 기울이는 것이 가장 좋은 방법이다. 혹자는 주식은 매수보다 매도가 관건이라고 말하기도 한다. 그러나 투자자가 사야할지 말아야 할지 확신하지 못하는 상태에서의 보유 및 매도는 의미가 별로 없다. 운이 좋아 몇 번 최고점에서 매도를 할 수 있었다 해도 꾸준하게 최고점에서 매도를 하기 위해서는 훨씬 많은 노력과 운이 작용해야 한다. 그보다는 다른 사람보다 낮은 가격에 살 수 있는 기회를 찾기 위해 더 많은 노력을 기울이는 게 보다 효율적이다.

수급 상황을 파악하기 위해서는 어떤 요소들을 살펴봐야 할까? 대부분의 예상 주가 수준을 산정하는 모델이 그렇듯이 수급 상황에 대한 정답은 없다. 투자자마다 투자자가 세운 주관적 판단에 근거하여 진입가격을 산정하는 것이다.

저자가 수급 상황을 파악할 때 주의깊게 살피는 것은 다음과 같지만 절대적 잣대는 전혀 없다. 다음은 저자의 주관적인 판단으로 행하는 것이며 때로는 동일한 잣대도 시장 상황에 따라 반대로 적용될 수 있다. 예를 들어 평소 정상 시장의 차트에서 볼린저밴드의 상하 단에 접촉될 경우 반대 방향으로 포지션을 잡았다면, 즉 볼린저밴드 하단에 주가가 형성될 경우 엔 매수로 대응하고 상단에 주가가 형성될 경우엔 매도로 대응한다. 하지 만 정상 시장이 아닌 위험이 확대되는 금융 위기 상황에서는 시장의 위험 여부에 따라 볼린저밴드의 상단을 뚫을 경우 매수로 대응을 하고, 볼린저 밴드 하단을 뚫을 경우 매수가 아닌 매도로 대응할 수도 있는 것이다. 아 래는 저자가 중요하다고 생각하는 주관적인 수급 파악 상황이다.

· 전환사채나 교환사채 등 주가 상승을 제한하는 물량 및 행사 가격 파악.
· 유상증자 가격 혹은 제 3자 배정 가격 및 대주주 주식 추가 매입 가격.
· 기관 및 외국인의 대량 거래 가격대.
· 52주 신고가 및 신저가에서 현재 주가 수준.
· 매물대 차트에서 현재 주가 수준(가급적 50% 이상의 매물대 가격에 서 진입금지).

그 외에도 주관적인 판단에 의해 다양하게 진입 가격 설정을 위한 수급 파악을 할 수 있다. 어떤 기준으로 수급 및 진입 가격을 설정할 것인가는 투자자의 선택에 따라 달라질 수 있지만 남들이 좋다니까 혹은 신문이나 언론에서 좋다는 기사를 접하고 주식을 매수하는 것보다는 투자자 스스 로 주식을 매수하기 위한 진입 가격을 주관적 판단에 의해 만들고 진입 가격에 주가가 형성될 경우 매수하는 습관을 가지는 것이 보다 효율적인 방법이다.

아래의 예제는 두산 중공업을 대상으로 사업보고서 및 기타 자료를 포함하여 저자가 2009년 7월에 수급을 분석한 결과이다. 물론 주관적 판단일 뿐 절대적 기준이 아니니 참고만 하길 바란다.

중요가격	중요가격/BPS	비고
30,812	1.00	주당순자산
47,200	1.53	골드만삭스 제시 적정주가
65,000	2.11	JP모건&공매도집중 가격대
59,200	1.92	2009년 7월 주가
55,500	1.80	랠리이전 전저점
37,300	1.21	52주 전저점
71,000	2.30	미래에셋 6 → 4.6% 보유지분처분 가격

그 이후 저자는 중요 매물대 차트를 통해 일자별 매물대와 주별 매물대 수급을 파악하는 절차를 거친다. 아래는 HTS를 통한 두산 중공업의 중요 일별 중요 매물대이다.

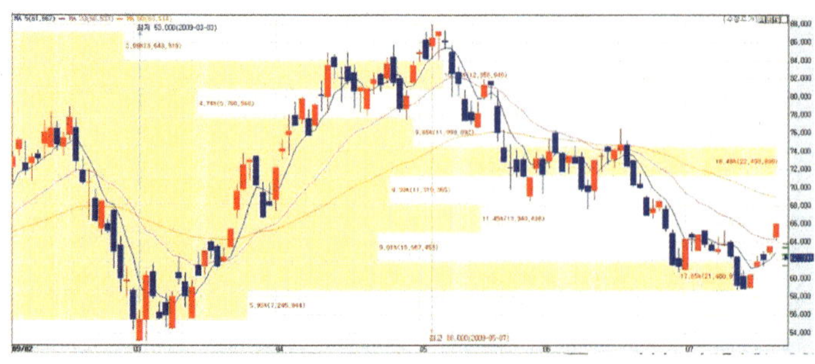

위와 같은 과정들은 개별 기업에 관한 내용을 먼저 리서치한 이후 수급을 파악하기 위해 중요 가격대를 알아보는 과정이다. 선행적으로는 개별 기업 및 산업에 대한 내용을 먼저 파악해야 하는데, 저자의 경우 중요 진입 가격을 2009년 7월 무렵 5만8000원으로 설정하였고 총 3회에 걸쳐 1차 진입 5만8000원, 2차 진입 58000 × 0.925, 3차 진입가격 5만8000원 × 0.85 를 설정하였고 투자 금액 비율 또한 1차 진입가격대 25%, 2차 진입가격대 25%, 3차 진입 가격대 50%의 비중을 두고 진입을 하려고 했다. 개별 종목에 관해 투자 금액을 한 번에 매수하기보다는 두세 번 정도로 나눠서 분할 매수하는 것이 위험 관리 측면에서 유리하다. 또한 진입 가격대의 설정 또한 주관적인 요소로 피봇을 사용하거나 이동평균선을 사용하거나 중요 매물대를 사용할 수 있으나 저자는 개별 주식의 하루 최대 변동폭 × 50%인 7.5%의 아래 지점을 보통 2차 진입가격으로 설정했다. 그러나 정해진 규칙은 없으며 상황에 따라 그리고 투자자의 주관적 판단에 따라 2차, 3차 진입가격이 달라질 것이다. 하지만 한꺼번에 매수를 하지는 않길 권한다.

5. 차트-기술적 분석

기술적 분석의 출발점은 가격과 거래량이다. 가격이 모든 정보를 담고 있다는 가정에서 출발하며 과거의 가격과 거래량으로 미래의 가격을 예측할 수 있다는 믿음이 전제되어 있다. 통계학적으로 봐도 기술적 분석의 출발점은 그릇된 것이며 다만 참고 사항에 지나지 않는 것이다. 그럼에도 한 가지 짚고 넘어가고 싶은 부분은 우리나라 증권 방송들이 대부분 먼저 차트를 꺼내어 설명하려고 한다는 점이다. 무척 복잡해 보이는 그림이 HTS를 통해서 나타나면 처음 보는 사람은 신기할 수도 있겠지만 기술적 분석의 모든 출발점이 가격과 거래량임을 잊지 말아야 한다.

생각해 보라. 차트에 관해 완벽하게 공부한 투자자들이 어떤 주식의 시장 참여자일 때, 그들 모두의 견해는 같을 것인데 주가는 항상 변하고 있지 않은가? 미래 주가의 경로가 통계학적으로 확률화 과정을 따르고 정확한 분포는 여전히 연구 대상에 있다는 사실은 차치하더라도 차트가 절대적이라면 완벽하게 공부한 사람들의 답은 모두 동일해야 하는데 절대 그렇지 않다.

저자는 일반 투자자들에게 기술적 분석차트를 사용함에 있어 한 가지 확실한 부분을 말하고 싶다. 고객 중 한 분으로부터 "최근에는 작전을 길게 거는 경우 몇 년 동안 차트를 만들어 가면서 작전을 걸더라"는 말을 들은 적이 있다. 그렇다. 차트의 시작점은 가격과 거래량이다. 그러니까 가격과 거래량이 최대한 많아야 통계적으로도 어느 정도 오류를 범할 확률이 적다. 다시 말해 기왕 차트를 활용하려면 코스닥에 상장된 시가 총액 100억 원도 안 되는 작은 기업의 차트를 열심히 분석하기보다는 기관이나 외국인 몇몇에 의해 좌지우지되지 않는 많은 가격과 거래량 정보가 담겨 있는 대형우량주, 종합주가지수, 채권, 환율 등의 차트분석을 하기를 권한다. 가격과 거래량이 차트의 출발점인 만큼 적은 거래량과 가격 체결은 통계적으로 대형주, 환율, 유가, 채권 등과 비교해 오류를 범할 확률이 높으므로 소형주에 목숨 걸고 차트를 분석하지 않는 것이 효율적이다.

저자는 금융 투자를 진행할 경우 현물환율, 채권, 주식, 원자재 등에 대한 충분한 리서치 이후 기술적 분석을 참조하는 투자가 기술적 분석만을 하는 투자보다 시간은 오래 걸리더라도 좀더 확률이 높은 투자 성과를 거둘 수 있을 것이라고 생각한다. 그렇기에 기술적 분석에 대한 많은 용어들에 대한 설명은 지면 관계도 있는 만큼 생략하겠다. 그것들은 관련 서적이나 인터넷 등을 통해 쉽게 얻을 수 있으므로 어떻게 기술적 분석을 사용해야 하는가에 집중적으로 초점을 맞추겠다. 간단한 기술적 분석에 필요한 용어의 설명 및 정의는 대부분의 증권 사이트에서도 설명이 되어 있으니 참조하길 바란다. 참고로

그중 삼성선물의 차트 웹사이트는 http://www.ssfutures.com/guide/Gu301.jsp 이다.

기술적 분석의 효율적 이용

차트는 가격과 거래량이 통계적 원자료Raw data이다. 어떤 자산을 대상으로 했는지는 상관없다. 가격과 거래량이 시작점이고 거래량에 대한 지표들보다는 가격의 자료를 조금 변형하여 만든 지표들이 대부분이다. 가격에 대한 내용은 차후에 설명하고 거래량에 대해 한 번 생각해 보자.

거래량은 가격에는 나타나지 않는다. 대부분 가격 원자료Raw data로 만들어진 기술적 지표들은 적은 거래로도 가격이 결정된다. 적은 거래에 의해 결정된 가격과 많은 거래에 의해 결정된 가격은 통계적으로 질적 차이를 보이게 마련이다. 즉 거래량은 가격이 반영하는 정보의 강도라고 할 수 있다. 적은 거래량은 시장에서 관심을 받지 못하는 주식이거나 혹은 매도자가 팔고자 하는 가격과 매수자가 사고자 하는 가격 사이에 괴리감이 있어 시장 참여자들의 주목을 못 받는 것이라 할 수 있다. 반대로 거래가 대량으로 일어난다는 사실은 매수자가 사고자 하는 가격과 매도자가 팔고자 하는 가격 사이의 괴리감이 그리 크지 않은 것이라 볼 수 있다. 일반적으로 거래량에 관한 내용을 정리하면 다음과 같다.

거래량으로 알 수 있는 사항들

· 거래량은 늘고 있는데 주가는 하락하고 있다면 일반적으로 하락 추세가 형성되어 간다고 볼 수 있다.

· 주가가 급격하게 상승한 이후 완만하게 상승 혹은 횡보를 하고 있지만 거래량이 급격히 줄고 있다면 주가는 하락할 위험을 내포하고 있다.

· 고점에서 대량 거래량이 발생할 경우 하락할 위험이 많다. 주가 상승에 매도자가 많다고 볼 수 있다. 하지만 더 많은 거래량을 수반하면서 가격이 상승할 경우 상승할 수 있다. 더 많은 매수자가 있기 때문이다.

· 추세적 하락으로 저점 구간에서 대량 거래량이 발생할 경우 하락할 위험이 많다. 주가가 저점 부근이지만 아직 매도자가 많다고 볼 수 있다.

· 일반적으로 주가가 저점 구간을 오랜 기간 횡보하는 동안 거래량이 바닥일 경우 대부분 주가도 바닥인 경우가 많다. 왜냐하면 대부분의 단기 투자자들은 주가 하락 기간 동안 매도를 하였고 나머지 주식 보유자들은 대부분 대주주이거나 장기 투자자들이기 때문이다.

· 주가와 거래량과 관련된 기술적 차트를 보려면 역시계곡선 차트를 참조하되 보조자료로만 참조하라. 역시계곡선은 20일 이동평균선을 Y축에, 거래량을 X축에 표시한 것으로 거래량과 주가가 바닥일 경우 매수로 대응하는 전략이 유효하고 역시계곡선의 Y축을 HTS를 통해서 5일 이동평균선 혹은 10일 이동 평균선으로 조정할 경우 단기간의 주가와 거래량의 관계를 파악할 수 있다.

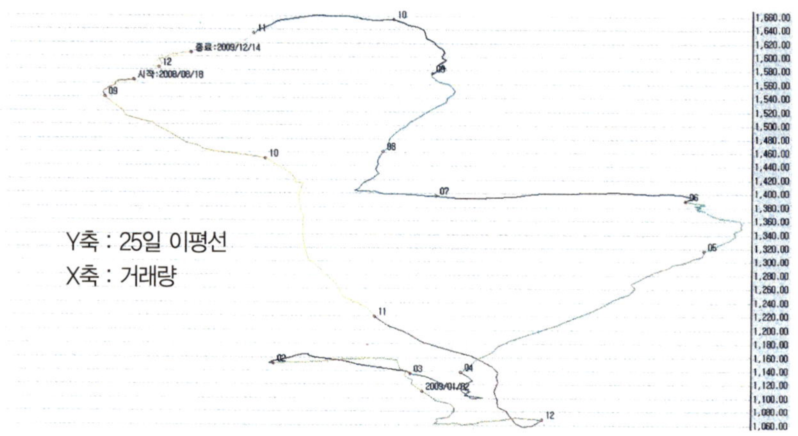

가격 기술적 지표에 대하여

저자는 "기술적 지표는 칼과 같다"라고 생각한다. 어떻게 쓰느냐에 따라 유용한 도구가 될 수도, 위험한 흉기가 될 수도 있기 때문이다. 즉 횡보 장세에서 추세 장세에 써야 할 지표를 쓰거나, 반대로 추세 장세에서 횡보 장세에서 써야 할 기술적 지표들을 쓸 경우 투자자는 매우 곤혹스럽게 된다. 예를 들어 단기 이동평균선이 중기 이동평균선을 뚫고 올라가는 경우를 골드 크로스라 하고 유사하게 MACD선이 시그널 선을 뚫고 올라갈 경우 매수 타이밍으로 잡고, 반대로 단기 이동평균선이 중기 이동 평균선을 뚫고 내려가는 경우나 유사하게 MACD선이 시그널 선을 뚫고 내려올 경우 데드크로스라고 표현하면서 매도 신호로 해석한다. 하지만 이것은 전형적으로 향후 추세가 상승 추세 혹은 하락 추세를 가정했을 경우이다. 골드 크로스가 나서 매수를 하고 데드크로스가 나서 매도를 했는데 시간이 지나고 보니 횡보 장세라면 매수 및 매도 모두 손실을 입게 된다. 즉 가격과 관련된 대부분의 지표들은 기술적 지표를 적용하기에 앞서 현재의 장세가 추세가 있는 장세인지 횡보 장세인지를 파악하는 것부터 선결되어야 한다.

또한 패턴 분석이나 엘리어트 파동 혹은 피나보치 되돌림 등 과거에 반복되었기 때문에 앞으로도 반복될 것이라는 유형들의 기술적 분석에 관해서 저자는 매우 회의적인 시각이다. 헤드 & 쇼울더 패턴이나 상승 5파 하락 3파로 대변되는 엘리어트 파동 및 황금 비율에 근거한 피나보치 되돌림 등은 경로를 정확히 예측하기 힘든 복잡 미묘한 미래 주가를 정형화된 틀에 맞추려는 것이다. 역사는 반복되지만 그렇다고 똑같이 반복되지 않는다. 주가는 담배연기가 확산되는 과정과 같은 통계적 용어로 확률화 과정Stochastic process을 따른다. 분명 장기적 추세는 완만한 우상향을 그리겠지만 미래 주가의 정확한 경로는 정해져 있지 않다. 담배연기가 공기의 압력 차이에 따라 바람이 부는 방향으로 이동하면서 엷어지리라는 예상 정도는 할 수 있지만 어떻게 확산되어 나갈지는 알 수 없다. 마찬가지로 주가의 미래 경로도 그렇다. 통화량의 꾸준한 증가로 인하여 미래 주가는 완만한 우상향을 그리겠지만 결코 어떤 정해진 패턴을 가지고 반복되지 않는다는 것이 여러 실증 연구를 통해서도 알려졌다. 패턴에 관한 지나친 맹신은 금물이다.

기술적 지표 활용의 선결 조건으로 어떤 장세인지를 파악하는 것이 보다 중요하다. 또한 변동성이 심할 경우 똑같은 기술적 지표일지라도 달리

해석해야 할 필요성이 있다. 먼저 추세에 따라 어떤 형태의 기술적 지표를 활용할 것인가는 개인 투자자가 주관적으로 설정하되 투자자가 충분히 이해할 수 있는 기술적 지표들로 구성하는 것이 좋다. 예를 들어 그림의 예에 나타나듯이 같은 이동평균선일지라도 2009년 3월에 일어났던 골드크로스와 5월 이후 두 달 가량의 박스권 장세에서 이동평균선의 경우 그릇된 정보를 보낸다고 할 수 있다.

상승 추세와 횡보 장세에서 이동평균선의 차이

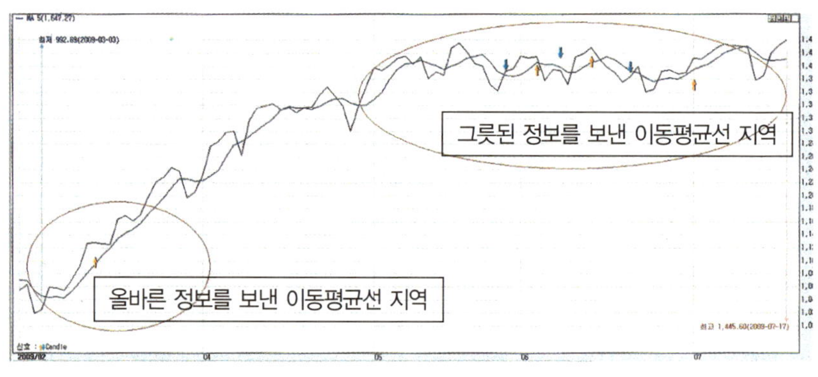

　　파나볼릭 또한 추세 전환을 위한 지표인데 붉은 선이 위에서 아래로 바뀌는 지점에서 매수로, 반대로 붉은 선이 아래에서 위로 바뀌는 지점에서 매도를 나타내는 지표라고 보면 된다. 하지만 파나볼릭 또한 아래 그림과 같이 추세 장세의 전환은 잘 나타내 주지만 횡보장에서는 그릇된 정보를 보내주고 있다. 아래 그림은 2009년 2월부터 시작된 상승 장세와 4월 말부터 시작된 횡보장에서 파나볼릭의 추세 변화이다.

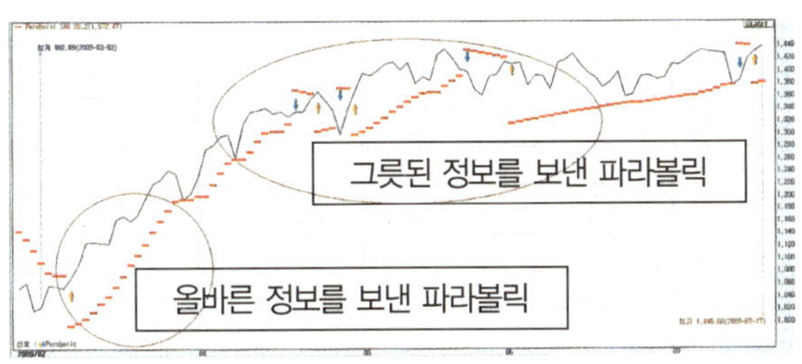

단기 이동평균선과 중기 이동평균선이 서로 멀어졌다가^{발산} 가까워졌다^{수렴}가 또다시 멀어지는 것을 반복하는 속성에서 착안한 MACD 또한 추세가 시작되는 장세에는 적합하지만 횡보 장세에는 적합하지 않다. MACD는 MACD가 시그널선을 돌파하든지, 기준선을 상향 돌파할 때 매수 신호로 보고 MACD가 시그널선을 하향 돌파하거나 기준선을 하향 돌파할 때 매도 신호로 본다. 다음 그림은 종합지수의 2009년 2월~7월까지의 주가 추이에 대한 MACD 곡선이다. 그림에 나타나듯 추세가 있는 곳에서는 올바른 정보를 보내지만 횡보장에는 그릇된 정보를 주고 있다.

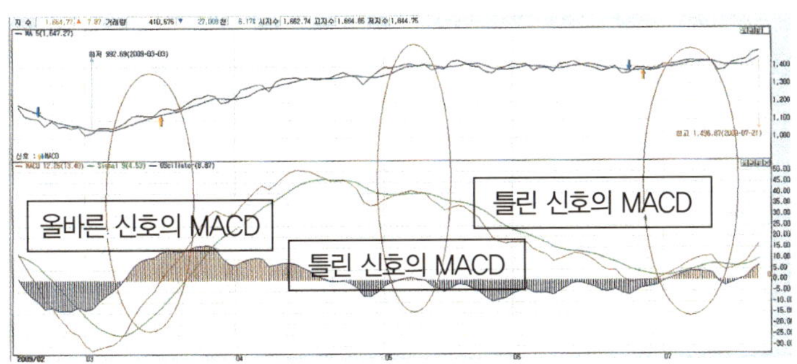

위의 세 가지 예에 나타나듯 기술적 지표들은 추세 장세와 횡보 장세에 대한 정확한 판단이 선 이후에는 무척 효율적인 결과를 보여주지만 추세에 대해 그릇된 판단을 할 경우 그다지 효율적이지 않다. 지금은 지난 자료들이기에 2009년 3월 이후 상승 랠리는 상승 추세를 나타내고 2009년 4월 말 무렵부터는 횡보 장세가 두 달 가량 지속됨을 알 수 있다. 하지만 2009년 3월이 상승 추세를 나타낼 것임을 당시 시점에서 기술적 지표로 알 수 있었을까? 절대로 불가능하다.

2007년 8월부터 시작된 대세 하락의 변곡점과 2009년 3월부터 시작된 대세 상승의 변곡점은 모두 기술적 지표의 결과가 아니었다. 최근의 2009년 3월의 대세 상승을 알리는 변곡점은 G-20 정상 회담에서 "금융권의 BIS 비율을 획기적으로 낮추고 상황에 따라 탄력적으로 BIS 비율을 운용하겠다"라는 조치의 발표였다. 그렇다면 그러한 내용이 기술적 분석의 어떤 도구를 이용하여 분석이 가능한가? 결국 꾸준히 시장 소식을 접하고 시장을 해석하려는 노력을 기울이려는 기본적 분석이 따른 이후에 기술적 지표를 활용하여 이동평균선의 골드크로스, MACD의 시그널선 상향 돌파나 기준선 상향 돌파, 파나볼릭의 매수 신호 등을 확인하고 향후 상승 추세일 것이라고 예상할 수 있다. 즉 기술적 지표만으로는 한계에 부딪치게 된다.

변동성이 심한 상황에서의 기술적 분석

저자는 몇몇 고객들로부터 소규모 폐쇄형으로 펀딩을 받았었다. 금융 위기의 골이 깊어지고 있을 무렵인 2008년 10월이었다. 하루에 종합주가지수 변동폭이 10% 이상일 만큼 변동성이 매우 심하던 시기였다. 원/달러 환율의 실질실효 환율은 높게 잡아도 1200원이고 일시적으로 원화 값이 폭락했어도 금융 위기가 잠잠해지면 다시 원화 가치가 제 자리를 찾아갈 것이라는 근거로 투자를 예상하고 진행했다. 그렇다면 얼마나 원화 값이 Over-shooting될 것인가? 1300원, 1400원, 혹은 1500원 이상에서 아니면 1600원 이상에서 진입하여야 할 것인가? 2008년 초반 900원이던 환율이 1200원을 웃돌기 시작할 무렵에 저자는 높게 잡은 실질실효 환율 1200원을 기준선으로 하여 1차 진입 1200 × 1.1 = 1320, 2차 진입 1200 × 1.15 = 1380, 3차 진입 가격 1200 = 1.2 = 1440의 비로 시장에 진입하려 했다. 1년이 조금 지났는데, 향후 다시 원/달러가 1450원 이상의 가격대에서 있을 날이 얼마나 자주 올지 모르겠지만 10년에 한번 올 만큼의 좋은 투자 기회였던 것 같다.

하지만 2008년 10월-2009년 3월까지 시장의 변동성을 충분히 이겨낼 만한 개인 투자자가 얼마나 될까? 저자가 소수의 고객들에게 강의를 했던 2008년 1월 무렵의 환율은 950원 이하였고 대부분의 국내 환율 전문가들은 원화가 하방으로 900원을 깰 것이라고 전망했다. 그러나 유일하게 원화 약세를 전망한 외국계 투자 은행의 외환 전문가 한 명의 의견과 동일하게 저자 또한 2008년 초 환율은 상방을 열어둬야 하고 950원 이상 올라갈 것이라 예상했다. 결국 2008년 그해 원화가치는 1월 910원에서 1500원까지 상승했고 연말에 정부당국의 개입 등으로 1325원에 마무리 될 만큼 변동성이 가장 극심했다.

변동성이 극심한 시장에서는 기준선을 정하고 기준선에서 볼린저밴드 의 상하 밴드폭을 넓게 잡은 뒤, 상단 밴드를 돌파하면 매수로, 하단밴드 를 돌파하면 매도로 대응하는 것이 좋은 방법이다. 저자가 달러를 매도하 기 위해 펀딩을 받은 시점은 이미 실질실효 환율을 넘어선 구간으로 볼린 저밴들를 좀 더 넓게 잡고 기간을 좀더 넓게 잡고 원/달러 매도를 했어야 했다는 아쉬움이 남는다. 그래도 변동성이 극대화되는 시장에서 변동성 을 확인한 이후 진입해도 좋은 전략 중 하나가 볼린저밴드를 활용하는 전 략이므로 권하고 싶다.

변동성이 심했던 원/달러 2008년 추이와 볼린저 밴드

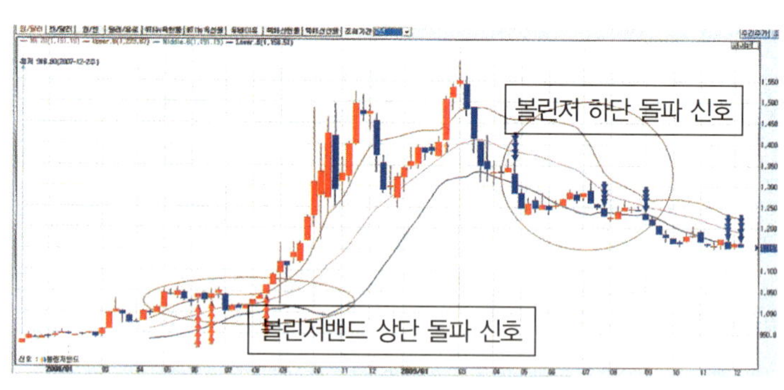

기술적 지표들을 사용하기에 앞서 향후 추세가 어떻게 될 것인가에 대 한 투자자의 판단이 더 중요하다. 향후 추세를 알려주는 기술적 지표는

없다. 투자자의 몫이다. 기술적 지표를 아무리 많이 분석해도 향후 추세를 정확히 예측할 수는 없다. 그보다는 현물에 대한 기본적 분석을 충실히 해야 한다. 주식, 채권, 외환 등등 기본적인 현물 자산에 대한 이해 없이 차트 몇 장으로 향후 장세를 예측할 수 있다면 금융 시장에 많은 사람들이 있을 필요가 있겠는가? 기술적 지표는 현물에 대한 기본적 분석 이후 보조 도구로 활용하기를 다시 한 번 권하고 싶다.

기술적 분석 사용시 주의 사항

■ 기술적 분석의 시작점은 가격과 거래량이다. 따라서 충분하지 않은 자료로 가격과 거래량이 형성되어 정보가 정확하지 않을 수 있는 코스닥의 소형주에 기술적 분석을 쓰기보다는 채권, 종합지수, 환율, 대형주 등의 충분한 정보 가치를 갖는 시장에 대해 기술적 분석을 하라.

■ 기술적 지표는 대부분 과거 자료의 연장선상으로 만들어진다. 이동평균선, MACD, 볼린저밴드, DMI, 파나볼릭 등 모든 기술적 지표는 과거와 현재를 말해줄 뿐 향후 추세를 말해주지 않는다. 일목 균형표의 선행스팬도 과거 자료를 앞에만 표시할 뿐이다. 미래 현물 자산의 경로는 기술적 지표만으로 알 수 없다.

■ 향후 추세에 대한 확신이 서지 않는다면 기술적 지표는 큰 의미가 없다. 추세 구간에 써야 할 지표들과 횡보 장세에 써야 할 지표와 변동성이 높을 경우 써야 할 지표들에 대해 투자자에게 맞는 것을 나눠서 사용하되 향후 추세에 대한 투자자의 결정이 선결되어야 한다.

■ 때로는 단순함이 복잡함을 이긴다. 용어가 복잡한 듯하고 새로운 것

같아 보이는 기술적 지표보다 이동평균선을 투자자에게 맞게 기간을 잘 조정하든지, MACD의 기간을 조절하든지, 볼린저밴드의 승수를 조절하든지 본인에게 맞는 기술적 지표를 만들어 보라. 기술적 지표가 더 늘어난다고 높은 확률을 보장하지는 않는다.

6. 선물–파생상품

파생상품이라고 어렵게 생각할 필요가 전혀 없다. 오히려 외환, 주식, 채권, 부동산 등 현물보다 기본적인 원리만 알고 나면 더욱 간단하다. 선물과 옵션은 현물이 아닌 투자 수단이지만 현물에서 파생되었다고 하여 파생상품이라고 하는데 파생상품은 다음을 가정하고 출발한다.

· 無위험 차익 거래는 존재하지 않는다.

· 無위험 수익률을 기초로 모든 투자 수단은 복제할 수 있다.

· 선물과 옵션은 모두 제로–섬 게임이다.

기본적으로 투자자가 모든 기초 자산인 현물^{부동산, 주식, 채권, 원자재, 외환 등}을 매수한다는 것은 앞으로 가격이 더 오를 것이라고 예상하기 때문일 것이다. 하지만 기초 자산이 항상 오른다고 보장할 순 없고 학문적으로도 급등보다는 급락이 많은 것이 기초 자산들의 일반적인 속성이다. 기초자산을 매수하는 것이 상승을 바라고 하는 투자라면 선물 투자는 기초자산이 상승하든 하락하든 양방향으로 투자할 수 있도록 하는 투자 수단이다. 그렇다면 왜 양방향 투자라고 하지 않고 선물이라고 표현하는 것일까? 위에서 언급했듯이 현물에서 파생되었기에 파생상품이라고 하는데 모든 파생상품은 위험을 방어하기 위해 시작했고 그러한 투자수단으로 현물이 아닌 선물을 사용했기에 선물이라고 하는 것이다.

선물이나 옵션이나 그 출발점은 현물이 가진 하락 위험을 방어하기 위한 것이었다. 현물 10억 원의 하락 위험을 방어하기 위해 다른 투자 수단을 사용하는데 똑같이 10억 원이 들었다면 결국 현물을 매도하는 것과 동일하기에 의미가 없게 될 것이다. 현물 10억 원이 가진 하락 위험을 현물을 매도하지 않고 방어하기 위한 투자 수단이라면 적어도 10억 원보다는 비용이 덜 들면서도 10억 원의 현물을 충분히 방어할 수 있어야 한다. 현물보다 비용은 적게 들지만 현물의 하락을 방어할 만한 수준의 투자 수단을 만들려면 결국 레버리지^{지렛대}가 필요하게 되므로 선물과 옵션에는 모두 레버리지^{지렛대}가 있다.

똑같은 칼도 강도에게는 무기이고 요리사에게는 맛있는 요리를 만들어주는 연장이듯 파생상품 또한 칼과 같은 존재이다. 파생상품만 거래하다가 잘못하여 엄청난 손실을 입거나 엄청난 수익을 얻을 수도 있지만 현물이 가진 하락 위험을 방어하기 위해 사용한다면 수익은 적어질지라도 안정적인 투자가 될 수 있다.

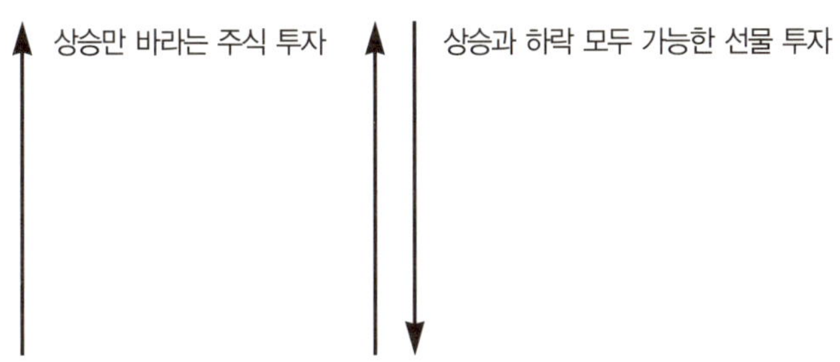

현물과 선물

선물의 역사는 선도 거래를 정형화하여 불특정 다수가 거래할 수 있게 한 것에서 출발한다. 금융 용어가 생소한 사람들을 위해 선도 거래를 흔히 '배추 밭떼기'에 비유할 수 있다. 개인 간의 밭떼기가 전형적인 선도 거래이기 때문이다. 이것을 시장에서 거래하기 위해 정형화해 놓은 상품이 선물이다. 즉 거래 당사자 간의 선도 거래Forward를 금융 시장에서 정형화한 상품으로 거래하는 것을 선물Futures 거래라고 이해하면 된다. 밭떼기할 때 향후 금액을 모두 지불하지 않고 계약금만 걸고 거래하듯이 선물 거래에서도 레버리지지렛대를 적용한다. 다만 밭떼기에선 거래 상대방이 이행 만기일에 약속을 안 지킬 경우 계약금을 포기하면 되겠지만 정형화된 상품을 만들기 위해서는 거래 상대방이 약속을 지키도록 하기 위해 증거금을 예치하게 한다. 밭떼기는 만기일에만 가격이 산정되지만 금융 자산은 매일 가격이 달라지므로 매일 증거금이 충분한지 확인정산하는 것이 다르다. 간단히 비교하면 다음과 같다.

선물과 밭떼기(선도 거래)

구분	선물	밭떼기(선도 거래)
만기	미래 일정시점에	수확할 때
기초자산(현물)	특정상품(KOSPI200, 달러, 금리 등)	배추
선물가격	합의된 가격에 현물보다 적은 금액으로	서로 합의된 가격에(계약금)
매수/매도	사고팔 것을	사고팔 것을
거래소	공인된 거래소	농부와 상인
계약	정형화된 계약 양식에 의해(증거금제도)	서로 합의된 양식에 의해

밭떼기와 같은 선도 거래Forward를 금융 시장에 정형화한 상품이 선물 거래이다. 불특정 다수가 거래하기 위해서 무조건 거래가 성사되어야 하므로 시장 참여자들은 하루 변동 폭의 최대치를 증거금으로 가지고 있어야 한다. 유가증권을 예를 들면 하루 최대 변동폭은 15%이므로 10억 원의 현물이라면 최대 변동폭은 15%인 1억5천만 원이 된다. 즉 현물 10억 원을 매수하는 비용이 선물에서는 15%의 계약금인 1억5천만 원이며 이것이 현물 10억 원과 같은 가치를 지니게 된다. 시장에 정형화된 상품을 만들기 위해 유가증권을 예로 들면 KOSPI 200, S&P 500 등 우량회사들로 구성된 지수들을 상품으로 만들었다. 예를 들어 KOSPI 200의 지수가 현재 215라면

주식 선물 1계약의 가치 = KOSPI 200지수 × 50만 원 = 215 × 50 = 10750

국내 주식 시장의 최대 변동폭은 상하 15%이므로 1억750만 원의 15%인 1600만 원 가량이 현재 선물 1계약을 거래하기 위한 자금이라고 할 수 있지만 주가는 매일 변동하므로 매수자와 매도자 모두가 주가 변동에 따라 약속을 잘 이행하게 하기 위해 매일 정산을 통해 부족한 증거금이 생기지 않도록 한다. 증거금은 개시증거금 및 유지 증거금으로 나뉘고 현물 상품에 따라 달라지므로 증거금에 관한 자세한 설명은 하지 않겠다.

주식시장, 정확히 KOSPI 200이 오늘 2% 올랐다면 현물 KODEX 200을 가진 투자자는 정확히 2% 상승했을 것이고 선물만 투자한 투자자는 우리나라 주식 시장 선물이 가진 레버리지가 주식 시장 최대 변동폭 15%의 역수인 $1/0.15 = 6.7$배 정도의 지렛대 효과가 있으므로 $2 \times 6.7 = 13\%$ 가량 올라야 하지만 증거금 제도로 인하여 조금은 달라질 수 있다. 그러나 대략적으로 6배 이상의 레버리지 효과가 있다. 즉 KOSPI 200이 오늘 오르고 내린 변동폭의 6배 정도 더 오르고 내리게 된다. 방향이 맞으면 KOSPI 200이 1% 오를 경우 6%의 이득을 취할 수 있고 반대 포지션이었다면 −6%가 될 수 있다. 2008년 하루 사이에 주식 시장이 10% 하락과 상승을 보인 경우 KOSPI 200의 방향과 맞았던 투자자가 선물만 거래했을 경우 하루에 60%의 수익을 얻고, 반대 방향의 경우에 60% 손실을 입었을 것이다. 대부분의 선물은 현물을 어떤 상품으로 구성하든지 다음과 같이 이뤄져 있다.

증거금제도, 일일 정산제도, 레버리지(적게는 2-3배에서 많게는 500배 이상), 만기일 우리나라에 상장된 선물 상품들에 관한 자세한 증거금, 레버리지, 만기일자 및 결산 방식에 관해서는 자세히 다루지 않겠다. 다만 원/달러 선물의 경우 현금 결제가 아닌 현물 결제이므로 달러를 매도한 매도자는 만기일에 달러인 현물로 결제가 이뤄져야 하고 그 외에 주식과 채권은 현물이 아닌 현금 결제 방식이다.

베이시스(Basis)

파생상품을 만들 때의 기본적인 조건이 "차익거래는 존재하지 않고 모든 투자 수단은 무위험 수익률을 기초로 복제할 수 있다"라는 가정이다. 선물가격과 현물 가격의 차이를 베이시스라고 하는데 선물 가격은 어떻게 정해야 할까? 이론적인 선물 가격은 현물 가격에서 무위험 이자를 더하고 배당을 빼주면 된다.

이론 선물 가격 = 미래 현물 가격 = 현물가격 + 보유비용 = 현물 + 무위험 이자 – 배당

이론 선물 가격 = 현물 가격 + 이론 베이시스(무위험 이자 – 배당)

이론 베이시스 = 이론 선물 가격 – 현물 가격

일반적인 정상 시장에서 선물 가격이 현물 가격보다 높은데 이것을 콘탱고라 하고 선물 가격이 현물 가격보다 낮은 상태를 백워데이션이라고

한다. 선물과 현물은 만기일에 동일해지지만 만기일 이전에 '선물 = 현물 + 무위험이자율 – 배당' 이고 현물 가격이 변함에 따라 선물 가격도 변한다. 그러나 시장 참여자들이 향후 장세를 강세장으로 예상한다면 선물을 보다 더 비싸게 살려고 할 것이고, 향후 장세를 강한 하락 장세라고 예상한다면 선물을 더 낮은 가격에 사려고 할 것이다. 이처럼 선물은 만기일에 현물과 같아지지만 만기 시점 이전에는 시장 참여자들의 향후 시장 전망에 따라 이론 가격보다 높게 혹은 낮게 사거나 팔게 된다. 이처럼 시장 참여자들이 이론 가격보다 높게 사거나[고평가] 낮게 사거나 할 경우[저평가] 베이시스는 확대 및 축소를 반복하게 된다.

선물 이론 가격(현물 + 이론 베이시스) 〈 시장 선물 가격(현물 + 시장 베이시스) – 선물 고평가
선물 이론 가격(현물 + 이론 베이시스) 〉 시장 선물 가격(현물 + 시장 베이시스) – 선물 저평가

다시 쓰면 다음과 같다.

이론 베이시스 〈 시장 베이시스 – 선물 고평가 (시장 베이시스 확대)
이론 베이시스 〉 시장 베이시스 – 선물 저평가 (시장 베이시스 축소)

시장 참여자들이 향후 장세를 강세라고 예상하여 이론 베이시스보다 높은 가격에 선물을 사고팔고 한다면 선물은 현물에 비해서 고평가되었

다고 표현한다. 이럴 경우 어느 한쪽은 가격이 이론 가격보다 높아졌고 이론 가격과 시장 참여자들의 가격은 만기일에 수렴하게 되어 있으므로, 가격이 싼 쪽을 사고 가격이 비싼 쪽을 매도하면 무위험 차익 거래를 할 수 있지 않을까? 이론적으로 파생상품을 만들 때 만기일에 이론 가격과 시장 가격은 같아진다고 했지만 시장 참여자들이 이론 가격보다 높거나 낮게 사고 파는 것은 선물만 거래하는 투기적 수요가 많기 때문이라 할 수 있는데, 투기적 수요의 증가로 인해 이론 베이시스와 시장 베이시스가 크게 확대되거나 반대로 될 경우 한 쪽은 싸게 되고 다른 한쪽은 비싸지게 된다. 결국 일시적으로 시장 참여자들이 만들어 낸 시장 선물 가격과 이론 선물 가격의 차이에 따라서 차익거래가 가능한 상태가 된다.

프로그램 매매 및 차익거래와 비차익거래

한꺼번에 15종목 이상을 동시에 사고팔고 하는 것을 프로그램 매매라고 한다. 선물과 현물을 동시에 반대 방향으로 사고팔고 하는 것을 차익거래라고 하고 현물만을 대상으로 사고팔고 하는 것을 비차익거래라고 한다. 비차익거래의 경우 연기금이나 기관 등에서 현물만을 대상으로 사거나 팔거나 하는 것이고 차익거래에선 반드시 현물과 선물의 매수 매도 방향이 반대로 일어나게 되어 있다. 용어는 현물을 중심으로 하기에 프로그램 매수는 현물 매수를 의미하고 프로그램 매도는 현물 매도를 의미한다. 그렇다면 프로그램 매수와 매도는 어떻게 나오는지 설명하면 다음과 같다.

시장 베이시스 〉 이론 베이시스 → 선물 고평가 상태 : 동시에 비싼 것을 팔고 싼 것을 산다 → 선물 매도 현물 매수

시장 베이시스 〈 이론 베이시스 → 선물저평가 상태 : 동시에 비싼 것을 팔고 싼 것을 산다 → 선물 매수 현물 매도

현물 중심으로 부르기 때문에 선물이 고평가되어 기계적으로 비싼 선물을 팔고 싼 현물을 사는 것을 프로그램 매수라고 부르고, 선물이 저평가 되어 기계적으로 비싼 현물을 팔고 싼 선물을 사는 것을 프로그램 매도라고 부른다.

그렇다면 생각해보자. 선물이 고평가되는 이유는 시장 참여자들이 향후 장세를 좋게 보기 때문에 이론 가격보다 더 높은 가격에 선물을 사고 팔아서 일 것이다. 시장 참여자들이 향후 장세를 좋게 볼수록 고평가가 커지고_{베이시스가 확대} 비싸지는 선물을 팔고 상대적으로 싸진 현물을 사들이는 프로그램 매수가 일어나게 될 것이다. 시장 참여자들의 향후 강세장 예측으로 인하여 선물 가격 고평가로 인해 1차적으로 주가가 상승했다면 선물 매도와 현물 매수를 동시에 일으키는 프로그램은 다시 현물을 사들이는 프로그램 매수가 발생하게 되어 2차적으로 주가지수를 상승시키는 역할을 하게 된다. 반대의 경우에도 선물이 시장 참여자들의 향후 하락세를 예상하여 1차적으로 선물 저평가 및 주가 하락을 불러오고 2차적으로 상대적으로 싸진 선물을 사고 비싼 현물을 팔게 되는 즉 프로그램 매도가 나오게 되어 2차적으로 주가가 하락하는 효과를 불러올 수 있다. 즉 프로그램 매매가 주식 시장의 변동성을 더욱 확대시키는 역할을 급등 혹은 급

락 장세에 나타낼 수 있다. 최근에는 프로그램 매매가 주식 시장에서 차지하는 비중이 전체적으로 증가하고 있다.

2009년 12월 프로그램 순차익 잔고 현황

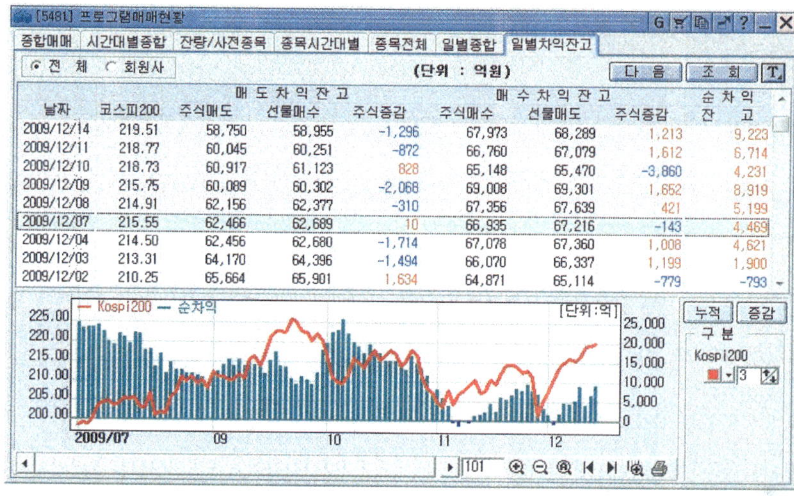

출처 : 현대증권

선물에 관심을 기울여야 하는 이유

현물에서 파생되었기에 선물과 옵션을 파생상품이라고 한다. 파생상품 중에서 선물을 정리하면 '레버리지와 상승 하락 양 방향으로 투자가 가능하고 거래 비용이 적다'로 설명될 수 있다. 그렇다면 향후 장세가 오르거나 혹은 개별 종목에 대해 시장에 앞선 정보를 입수했다면 현물에 투자를 할까 선물이나 옵션에 투자를 할까? 당연히 대부분이 선물이나 옵션에 투자를 하게 될 것이다. 저자는 개인 투자자가 현물인 주식만 거래를 한다고 할지라도 선물 시장에 대한 관심을 꼭 가지라고 권하고 싶다. 현물에 비해 훨씬 많은 거래 대금이 오가고 레버리지가 있는 선물 시장이 오히려 현물 시장의 방향을 움직인다고 하여 'Wag the dog' 현상이라는 이름이 붙여질 만큼 우리나라 주식 선물 시장의 크기는 현물 시장에 영향을 주고도 남을 만큼 충분히 막대하기 때문이다. 저자는 "파생은 위험하다고 하여 절대 투자를 하지 않겠다"라는 개인투자자의 말에 어느 정도 동조를 하지만 현물만 거래를 할지라도 선물 거래 동향에 대해 꼭 살피라고 권하고 싶다. 옵션까지는 모르겠지만 선물까지는 투자자가 레버리지를 충분히 조절할 수 있기 때문에 현물과 선물을 함께 투자하도록 권하고 싶다. 비록 현물에만 투자를 할지라도 선물 시장을 꼭 참조하라. 선물이 현물보다 일반적으로 미래 가격 예시 기능이 더 크다. 선물 시장에서 꼭 챙겨봐야 할 것들은 다음과 같다.

선물 시장 Check 리스트

외국인 및 기관 동향과 누적 선물 포지션

−투자자금 및 보는 관점이 국내 투자자와 조금 다르지만 국내 시장의 Key player에 해당되는 외국인의 투자 동향을 살피는 것은 매우 중요하다. 누적 선물 포지션과 외국인의 주식 보유 비중 확대 여부를 중장기적 관점에서 참고하면 좋다. 다음은 서브프라임 위기가 정점을 이루던 시점의 외국인 선물 누적 포지션과 종합지수의 관계이다.

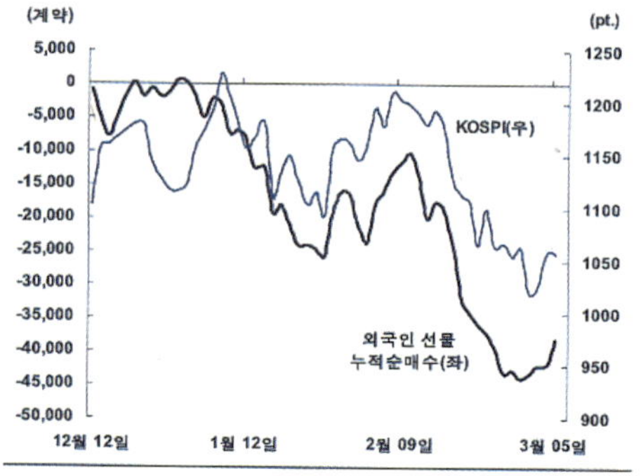

2009년 2월 초부터 3월 초까지 꾸준한 외국인 선물 매도는 누적 사상 최대수준이었고 그 이후 G-20 조치로 순환매가 시작됨.

출처 : 현대증권

시장 베이시스 추이

　－선물 시장의 기능 중에는 가격 예시 기능이 있다. 선물이 미래 현물 가격을 예상하고 레버리지를 활용하여 거래를 하기에 현물 가격을 미리 반영한다는 것이다. 주식 시장 전망을 밝게 보는 투자자라면 선물이 고평가될지라도 매수를 하려 할 것이다. 선물 시장에서 시장 참여자들의 집단적인 심리를 반영한 것이 시장 베이시스이다. 다음 그림은 2008년 꾸준하게 선물 매도로 대응했던 외국인의 베이시스 추세이다.

2008년 외국인 베이시스 추이 및 설명

콘탱고로 선물 이론 가격보다 높은 선물 고평가 상태
콘탱고로 선물 이론 가격보다 낮게 거래되는 선물 저평가
선물이 현물보다 낮은 백워데이션 상태.

출처 : 대신증권

누적 프로그램 순매수 차익 잔고

－15종목 이상을 동시에 매수 혹은 매도하는 가격불문 주문 혹은 프로그램 매매는 개인이 하기에 많은 제약이 따른다. 자금이나 시스템 면에서 개인이 소화하기 힘든 영역이다. 그럼에도 불구하고 프로그램 매매에 관심을 기울여야 하는 이유는 점점 더 프로그램 매매 비중이 증가하고 있어서이다. 그 중에서 누적 프로그램 순매수 차익 잔고는 체크해 둘 사항이다. 참고로 프로그램 순매수 차익 잔고가 사상 최대에 달해 만기일에 대한 부담으로 주가에 영향을 미칠 것이라는 만기일 이전의 우려는 대부분 우려로 끝날 경우가 많다. 물량이 출회되더라도 경험상 만기일 이후 며칠 지난 이후에 프로그램 매도가 나오는 경우가 만기일 날 나오는 경우보다 훨씬 많다.

2008년 초 매수차익 잔고와 동행하는 KOSPI 200

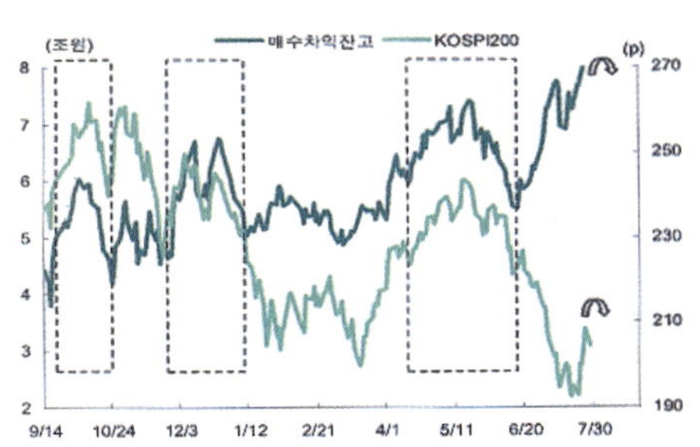

일반적으로 순차익 잔고 최대는 악재에 프로그램 매물 출하로 부담이 되어 2008년 주가 폭락의 가속화를 불러왔다. 하지만 항상 KOSPI과 동행하지는 않는다. 때론 순차익 잔고 최대임에도 상승하기도 한다.

출처 : 대신증권

선/현물 비율

−선물과 현물의 비율을 나타내는데 향후 장세가 상승 추세를 예상한다면 선물/현물 비율이 늘게 될 것이고 향후 장세를 하락 추세로 본다면 선물/현물 비율이 줄게 될 것이다. 단기적 활용보다는 중장기적 추세에 활용하기 좋다. 아래는 1998년부터 2009년까지 선물/현물 비율을 나타낸 그래프이다.

선물/현물 비율

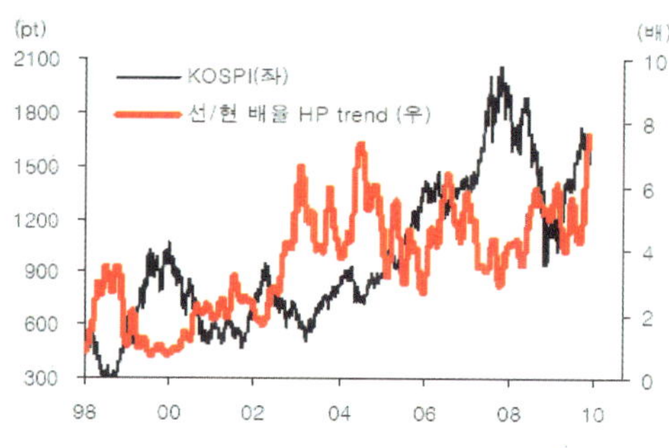

빨간색 그래프를 조금 오른쪽으로 이동시켜보라.
선/현 비율이 증가하면 시차를 두고 종합지수는 상승했고, 선/현 비율이 하락하면 시차를 두고 종합지수는 하락했다.

출처 : 한화증권

7. 옵션

　옵션에 대한 기본 지식을 쌓았다 할지라도 결코 만만치 않은 것이 옵션이다. 옵션 매수자 입장에서 장기적으로 수익을 향유한다는 것은 결코 쉽지 않다. 파생상품이란 결국 누군가의 이득이 누군가의 손실로 이어진다는 Zero-Sum 게임이라 할 수 있다. 옵션의 설명에 앞서서 우리나라 옵션 시장이 활성화된 이후에 옵션 매수자가 매수를 통해 이익을 챙긴 확률을 보자.

옵션 매수자의 권리 행사 비율

구분	콜옵션	풋옵션	전체	종합지수	등락률
1997	1	33	17	654	−41%
1998	20	9	15	385	52%
1999	25	11	18	588	80%
2000	9	21	15	1059	−51%
2001	14	15	15	521	39%
2002	9	13	11	725	−12%
2003	15	11	13	635	29%
2004	13	13	13	821	9%
2005	21	8	14	894	55%
2006	12	10	11	1389	3%
2000년대	13	13	13		

출처 : 삼성증권

옵션을 매수한 매수자가 한 달 후에 권리 행사를 할 수 있는 비율은 평균 13% 정도에 해당된다. 나머지 87%는 OTM Out of Money 에서 결제 즉 대부분 휴지 조각이 된다는 것이다. 비록 13%에 포함되는 권리를 행사할 수 있는 옵션 매수자의 수익이 레버리지로 인해서 무척 높다고 할지라도 확률적으로 매수자 입장에서는 만기일에 휴지가 될 확률이 87%에 해당한다. 어찌 보면 로또에 가까운 투자 수단이 옵션인 것이다. 저자는 섣불리 13% 정도만 권리 행사 확률이 있는 투자 수단에 "나는 다를 것이다" 라는 투기적 심리로 대박을 노리고 접근하지 말 것을 권한다.

파생상품은 현물을 대상으로 만들었기에 파생이란 단어를 쓰는데 주식이나 여타 현물과 달리 제로섬Zero-sum게임이다. 즉 내가 흘린 눈물은 누군가의 기쁨이고 내가 웃는 미소는 누군가의 아픔이 된다는 뜻이다. 위의 자료에서 보이듯이 옵션 매수자는 평균 13%의 승률과 옵션 매도자는 87%의 승률을 가졌는데 계산의 편리를 위해 매수 10% 매도 90%의 확률을 가지고 있고, 양자의 총합이 Zero라면 매수자는 10번 매수해서 한번 크게 이익을 보고 매도자는 10번 매도해서 9번 작게 이익을 보고 한번 크게 손실을 본다고 할 수 있다. 영국의 거대 은행이 한 명의 파생상품 운용 매니저의 옵션 매도 잘못으로 망했다는 이야기가 우화처럼 전해지기도 한다. 그 때문인지 옵션은 매도하면 절대로 망한다는 설도 있지만 그것은 끝까지 시장에 맞서 물타기에 물타기를 몇 번은 진행했던 매도 포지션이었다. 기대값은 같다고 할지라도 옵션은 매수자보다는 매도자에게 확률적으로 유리한 게임임을 이론에 앞서 명심 또 명심해야 한다.

현물 자산주식,채권,외환,원자재 등을 매입한다는 것은 향후 현물이 오를 것이라는 기대에 투자를 하는 것이다. 선물이 오르거나 내리거나 양방향으로 투자가 가능한 2차원 투자라면 옵션은 변동성이 추가된 3차원 상품으로 오르거나 내리거나, 횡보하거나 상황에 따라 선택할 수 있는 3차원적 투자 상품이라고 할 수 있다

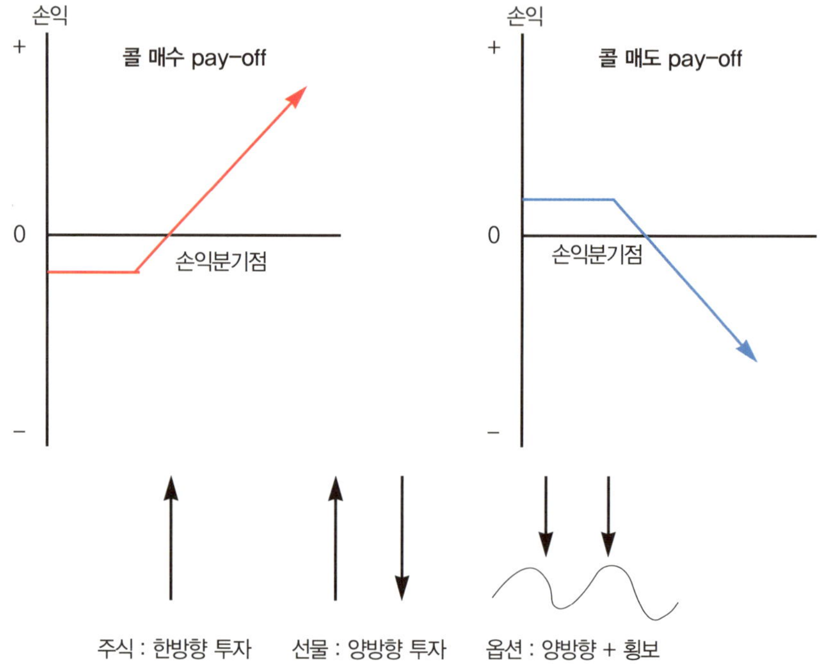

콜 옵션 매수 매도자에 관해 손익을 간단히 정리하면 다음과 같다.

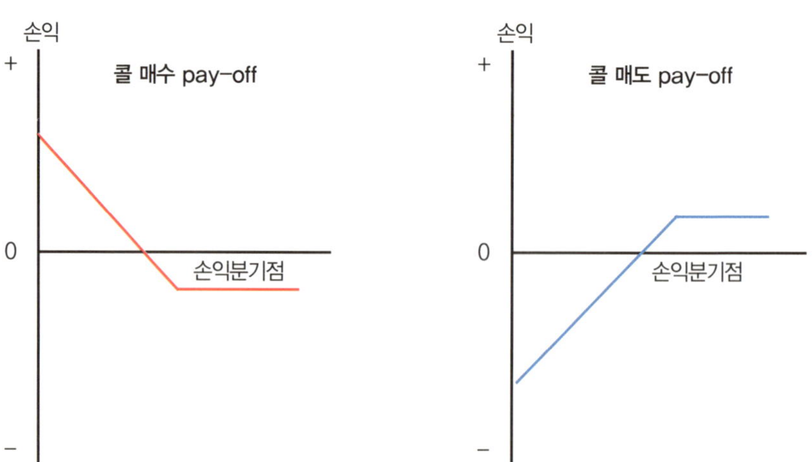

구분	기초자산 상승시	기초자산 하락시	권리행사시 손익
콜매수	이익 무한대	손실 프리미엄으로 한정	기초자산 − 행사가격 − 프리미엄
콜매도	손실 무한대	이익 프리미엄으로 한정	행사가격 − 기초자산 + 프리미엄

구분	기초자산 상승시	기초자산 하락시	권리행사시 손익
풋매수	손실 프리미엄으로 한정	이익 무한대	행사가격 − 기초자산 − 프리미엄
풋매도	이익 프리미엄으로 한정	손실 무한대	기초자산 − 행사가격 + 프리미엄

옵션의 가격을 보험료와 같은 프리미엄이라고 한다. 보험에도 사업비가 들어가 있어 가입자에게 불리하게 작용하듯 옵션에도 매수자에게 시간가치라고 불리는 요소가 있다. 그래서인지 둘 다 프리미엄으로 부른다. 보험료의 사업비가 많은 비중을 차지한다면 보험 가입자의 부를 보험회사가 정상 이윤 이상으로 가져간다고 할 수 있다. 마찬가지로 옵션에서 프리미엄의 가치는 보험의 사업비 비율보다 상상을 초월할 만큼 높은 수준이라고, 저자는 말하고 싶다. 기본적으로 매도자에게 유리한 게임이 옵션이다. 적은 돈으로 옵션 몇 계약 사서 한 번 재미보겠다고 무작정 시작하지 말라. 옵션만 거래를 한다면 도박보다 더하면 더했지 결코 덜하지 않다. 다만 급등과 급락에 따른 일회성 손실을 피하는 것이 매도자에게 필요하다. 그러나 다시 한 번 말하지만 옵션은 절대적으로 매도자에게 승산이 높은 게임이다. 옵션 함부로 매수하지 말라.

저자의 경험을 하나만 이야기하겠다. 옵션의 확률적 기대치를 떠나서 사람에게 혐오감을 느껴 돈이 악마처럼 느껴질 때 펀드를 운용했고 전적으로 저자 마음대로 펀드를 운용할 수 있었다. 사람에 대한 증오로 인해 펀드를 휴지로 만들거나 대박을 내서 청산해 버리고 싶은 극단적 마음 밖에 없던 시절이었다. 저자는 단 3일 동안 폭락장이 오면 되는 구조로 옵션 포지션을, 그것도 Naked 포지션으로 가져갔다. 그리고 삼일 동안 횡보하던 주식 시장으로 펀드를 다 날려 버렸는데 오히려 마음은 편했다. 포지션을 구성한 이후 4일이 지나서 시장은 폭락을 했지만 3일이 지난 이후의 폭락은 아무런 의미가 없었다. 물론 당시에는 하루라도 빨리 돈을 떠나고 싶었고 그만큼 내 자신의 '마음 다스리기'가 가장 큰 문제였다. 하지만 시간가치가 없고 형식상으로만 만기가 있는 선물로 가져갔으면 꽤 높은 수익을 올릴 수도 있었다. 그러나 옵션은 방향성과 시간가치^{가속도}와 만기가 정확히 예측한 대로 맞아 떨어져야만 높은 수익을 얻을 수 있다. 그러므로 섣불리 옵션 매수를 해선 안 된다.

옵션 Check List

- 옵션의 가격에 영향을 미치는 요소들
- 옵션 상품에 대한 이해
- 변동성에 대한 이해
- 풋-콜 패러티(컨버젼 & 리버셜)
- 옵션 전략
- 옵션 시장에서 살펴봐야 할 data

옵션의 가격에 영향을 미치는 요소들

옵션의 이론적 배경은 1900년대 이전으로 올라간다. 옵션 모델의 기초인 블랙-숄즈 모델은 위너프로세스 과정의 일종이나 이론적 배경은 일반투자자에게 큰 의미가 없을 듯하여 생략한다. 옵션 가격에 영향을 미치는 요소를 옵션 매수자 입장에서 정리하면 다음과 같다. 기초자산, 행사가격, 변동성, 잔존기간^{시간가치}가 대부분 옵션 가격에 영향을 미친다.

옵션 가격 변동 요인

콜옵션 가격	요인	풋옵션 가격
+	기초자산 상승	−
−	옵션행사가격 높을수록	+
+	가격 변동성 상승	+
−	시간가치 감소	−
+	무위험이자율 상승	−
−	현금배당율 상승　+	

옵션 가치는 내재가치와 시간가치로 이뤄져 있다. Call 210의 가치가 3.00이고 현재 KOSPI 200이 현재 211이라면 현재 행사를 한다면 Call 210은 211-210으로 1만큼의 내재가치를 가진다고 표현한다. 현재 옵션 가치에서 내재가치를 뺀 2는 시간 가치라고 할 수 있다. 아래 그림은 만기에 가까워짐에 따라 옵션 가치의 변화를 그림으로 나타낸 것이다.

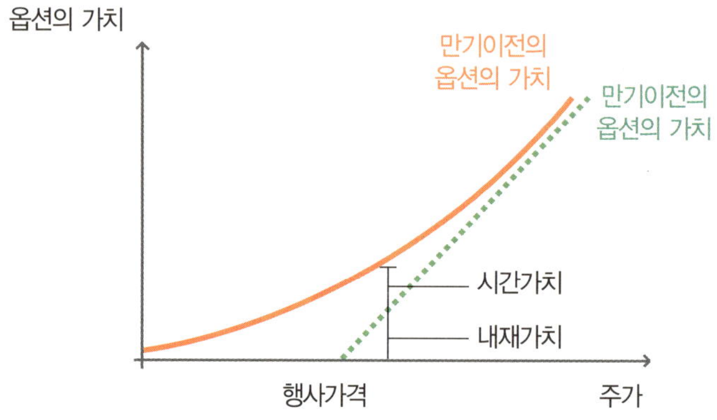

옵션의 가치

　그림에 나타나듯 옵션은 시간가치와 내재가치로 이뤄져 있다. 행사가격 내의 가치를 내재가치라고 하고 나머지를 시간가치라고 하는데 빨간색의 유선형이 만기에 직선형이 된다. 즉 빨간색과 파란색 사이의 가치는 모두 시간가치로 매도자의 몫이 되고 시간가치가 가장 큰 곳은 등가격At the money이 된다. 콜옵션을 예로 현재 주가보다 행사 가격이 낮을 경우 내가격In the money, 행사 가격이 같을 경우 등가격At the money, 행사 가격이 낮을 경우 외가격Out of Money이라 부르고 풋옵션의 경우 현재 주가보다 행사 가격이 높을 경우 내가격In the money, 행사 가격이 같을 경우 등가격At the money, 행사 가격이 낮을 경우 외가격Out of money라고 부른다. 옵션은 만기가 20여 일짜리 상품으로 처음 거래를 시작할 때는 완만한 곡선 형태이나 만기 구조는 직선 형태로 나타나게 되고 그 사이의 영역은 시간가치로 모두 잠식이 된다. 시간가치를 무릅쓰고 매수자가 이익을 누릴 수 있다면 매수에 나서야 하는 것이다.

옵션 상품에 대한 이해

현물을 매수한다는 것은 현물이 무엇이든 상승을 바라보고 투자를 하는 것이라고 할 수 있다. 선물은 상승이나 하락을 투자자의 예상에 따라 양 방향 투자가 가능한 상품이다. 옵션은 흔히들 3차원 상품이라고 하는데 상승과 하락 그리고 횡보까지 투자가 가능하다는 뜻이다. 개인 투자자들은 대부분 방향성에 대한 투자를 한다. 하지만 옵션은 시간가치라는, 매수자에게는 독과 같은 존재가 있어서 방향성에 대한 투자보다는 변동성에 대한 투자를 하기 위해 만들어진 상품으로 이해를 하는 것이 옳다.

기초자산 변화에 대한 옵션 가격의 변화를 델타라 한다. 흔히 쉽게 표현해서 내가격in-the-money으로 진입할 확률을 델타라고 하고 수학적으로는 기울기에 해당된다. 한 방향만으로 Naked 옵션 포지션을 가져가는 투자자들을 방향성 투자자들이라고 본다면 시간가치Time decay가 옵션 가치를 잠식하기 이전에 투자자들이 원하는 방향으로 지수가 충분히 움직이지 않는 한 대부분 휴지 조각이 되고 만다. 대다수의 개인 투자자들은 아직 이러한 방향성 투자를 하지만 외국인이나 기관 등에서 파생상품 담당자들은 절대로 Naked 옵션 포지션을 가져가지 않는다. 흔히 방향성을 나타내는 지수인 델타를 중립으로 만드는 변동성 전략을 주로 펼치는데 개인 투자자들이 그렇게 하지 못하는 이유는 적은 투자 금액으로 인한 투자 금액의 한계에서 찾을 수 있다.

저자가 개인 투자자들에게 권하고 싶은 것은 옵션 시장에서 방향성만을 위해 투자하는 습관에서 탈피하라는 것이다. 방향성만을 위해 투자를 한다면 오히려 선물이 더욱 적합한 상품이다. 선물은 매수자나 매도자 모두에게 동등하나 옵션은 절대로 그렇지 않은 상품이다. 선물로 방향을 잘못 잡으면 현물에 비해 몇 배의 손실을 볼 수 있지만 다시 반등을 하면 충분히 손실을 커버할 수 있다. 하지만 옵션의 경우 방향성만을 보고 투자를 했는데, 한 번 방향을 잘못 잡으면 방향에 따른 손실과 시간가치에 의한 손실로 다시 반등이 되더라도 손실을 충분히 커버할 확률이 매우 희박하다. 델타 헷징Delta hedging 혹은 델타 중립Delta neutral이라고 표현되는 전략을 외국인이나 기관이 주로 사용한다면 개인은 방향성Naked Delta에 대부분 치중하는 것이 사실이다. 예를 들면 박스권 등락을 계속하고 뚜렷한 추세 없이 옵션 만기가 다가올 경우 외가격에 콜매도와 풋매도를 동시에 하는 스트랭글 매도를 하는 경우를 들 수 있다. 옵션은 매수가 아닌 매도 위주로 전략을 구사하는 것이 확률적으로 승률이 높은 게임이다. 방향성보다는 변동성에 관심을 많이 기울이는 것이 올바른 옵션 투자자의 자세이다.

변동성에 대한 이해

옵션 이론 가격을 구할 때, 주로 블랙-숄즈의 옵션 이론가 공식을 사용한다. 옵션의 이론가는 기초자산의 가격, 행사 가격, 이자율, 배당률, 만기까지의 남은 시간, 변동성을 이용하여 구한다. 이 여섯 가지 변수 중 변동성만이 이론가를 구하는 시점에서 알 수 없는 값이다. 옵션의 이론가를 구하는데 있어서 가장 핵심적이고 중요한 변수는 변동성이다. 만약 KOSPI 200 지수가 장 중 등락폭이 크다면 시장 참여자들은 자신이 매수한 옵션이 내가격이 될 확률이 높다고 판단할 것이며 이는 곧 옵션 가격의 상승으로 이어진다. 즉 변동성은 시장 움직임의 정도를 수치로 표현한 값이어서 장의 움직임이 활발할수록 변동성은 커진다. 또한 이 값이 크면 클수록 콜옵션, 풋옵션 모두 가격이 상승한다.

변동성에는 역사적 변동성Historical volatility, 내재 변동성Implied volatility, 미실현 변동성이 있다. 역사적 변동성은 과거 자료를 가지고 구한 값을 말한다. 역사적 변동성을 과거 자료로부터 구한 이후 블랙−숄즈 모형에 대입하면 옵션의 이론 가격이 산출된다. 현재 거래되는 옵션 가격을 대입하고 미지의 변수를 변동성으로 산출한 것을 내재 변동성이라고 한다. 역사적 변동성보다 현저하게 높게 내재 변동성이 형성되어 있다면 옵션은 비싸게 거래된다고 볼 수 있다. 역사적 변동성보다 현저하게 낮게 내재 변동성이 형성되어 있다면 옵션은 싸게 거래가 되는 것이다. 과거에 근거한 변동성을 역사적 변동성, 현재 거래되는 변동성을 내재 변동성이라고 한다면 투자자에게 가장 관심이 되는 것은 미래의 변동성, 즉 아직 실현되지 않은 만기까지 남아 있는 변동성인 미실현 변동성이다. 이것을 예측하기 위해 여러 방법들이 연구되고 있으나 현재까진 정확히 예측할 수 없는 미지의 값이다.

변동성 편이|Volatility skew

블랙−숄즈에 의한 이론적 옵션 가격이 아닌 내재 변동성을 통해 살펴보면 변동성 편이 현상이 발견된다. 이는 첫째 풋의 변동성이 콜의 변동성에 비해 일정 비율만큼 고평가 되는 현상을 말한다. "변동성이 높다"라는 말은 그만큼 비싸게 거래되고 수요가 많다는 뜻이다. 둘째로 행사가격에서 멀어지는 외가격일수록 옵션의 변동성이 행사가격에 가까운 옵션의 변동성에 비해 커지는 현상을 발견했는데, 이것을 변동성 스마일이라고 한다. 즉 내가격보다 외가격에 수요가 많고 비싸게 거래가 된다는 뜻이다. 하지만 최근에는 투자자들이 막연한 외가격의 대박을 노리는 경우가 줄어들어 변동성 스마일 현상도 완화되어 간다고 볼 수 있다.

미국 S&P 500의 변동성 스마일 현상

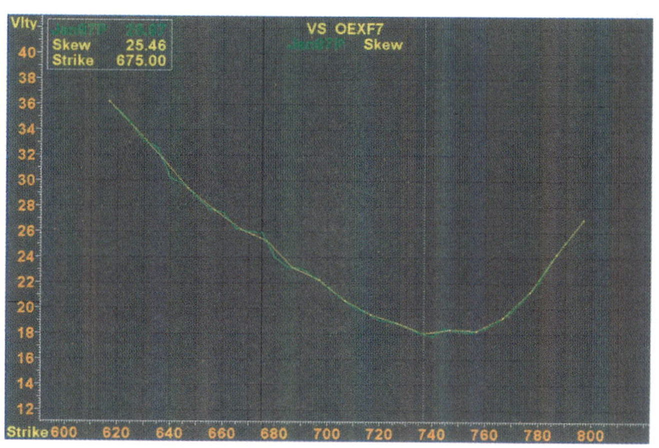

변동성 콘Volatility cone

옵션 가격이 비싼지 싼지를 구분하는 방법에는 역사적 변동성과 내재변동성을 비교하는 방법이 있다. 하지만 역사적 변동성은 기간에 따라 변동성이 달라지게 된다. 만기가 10일 남은 옵션은 역사적 변동성을 10일 구한 것과 비교해야 한다. 변동성은 기간이 길어질수록 줄어들게 되고 짧아질수록 커지게 된다. 예를 들어 1년 간의 평균 하루 변동폭과 5일 간의 하루 변동폭을 비교하면 당연히 시간이 짧을수록 변동폭이 심하다고 볼 수 있다. 이와 같은 현상을 그림으로 보면 콘Cone처럼 생겼다고 해서 변동성 콘이라고 표현한다. 변동성 콘 그림에 보이듯이 만기가 얼마 남지 않은 옵션의 변동성은 크게 확대될 수 있는데, 이것은 옵션 값이 커질 수 있음을 의미한다.

변동성 콘

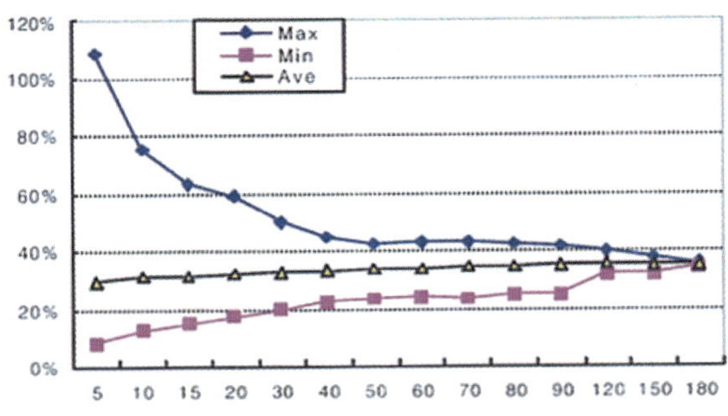

10일 간 변동성은 최대 80%에서 최소 18%로 변동폭이 60% 넘게 나타남. 50일 변동성은 최대 40% 최소 20% 가량으로 변동폭이 줄어들게 됨.

풋-콜 패러티(컨버젼 & 리버셜)

파생상품을 만들 때의 기본 가정이 "차익거래는 없고, 무위험 수익률로 모든 투자 수단을 복제할 수 있다"라고 말한 바 있다. 마찬가지로 두 포트폴리오 A와 B가 있다고 가정하고 포트폴리오 A는 주식과 풋옵션으로 B는 콜옵션과 채권으로 구성되었다고 할 경우 다음이 성립하게 된다.

$$A = 풋 + 주식 = 콜 + 채권 = B \text{ 혹은}$$

$$A = 풋 + 주가선물 = 콜 + 행사가격의 현재가치 = B$$

만기 가치가 주가의 변동과는 상관없이 동일하기 때문에(만기 값을 구해 보는 것은 독자의 몫) 이와 같은 관계를 풋-콜 패러티라고 한다. 풋-콜 패러티를 통해서 다음의 식들을 얻을 수 있다.

풋-콜 패러티를 통한 복제

투자 수단	복제 수단	의미
풋	콜 + 채권 – 주식	풋은 주식을 공매도하고 콜과 채권을 매수하여 복제 가능
주식	콜 + 채권 – 풋	주식은 콜과 채권을 사고 풋을 매도하여 복제 가능
콜	풋 + 주식 – 채권	콜은 채권을 발행하여 주식과 풋을 매수하여 복제 가능
채권	풋 + 주식 – 콜	채권은 풋과 주식을 매수하고 콜을 매도하여 복제 가능

위 식의 만기 가치는 동일하지만 시장 참여자들이 시장이 향후 상승하리라 예상하여 콜 옵션이 비싸질 경우 상대적으로 동일하게 복제할 수 있는 (풋+주식-채권)의 값은 싸지게 된다. 이럴 경우 비싸진 콜을 매도하고 (풋+주식-채권)을 매수할 경우 순간적인 차익거래는 가능해진다. 선물에서 시장 참여자들이 이론 베이시스보다 높은 가격에 사고팔아 선물이 고평가될 경우 고평가된 선물을 팔고 저평가된 현물을 매수하는 프로그램 매수와 원리는 동일하다. 만기에 두 가치는 동일하지만 시장 참여자들의 시장 예측에 따라 이론 선물 가격보다 시장에서 선물 가격이 때로는 높거

나 낮게 형성되지만 만기에는 같아지게 되는 것과 같은 원리이다. 차익 거래의 핵심 원리는 간단하다. 만기 가격은 같은데 순간적으로 시장 참여자의 예상에 따라 때로는 한쪽이 비싸거나 싸질 경우 비싼 것은 팔고 싼 것은 사되 동시에 행해져야 한다는 것이다.

투자 수단은 이제 현물, 선물, 옵션의 세 가지가 생기게 되었다. 동일한 행사가격의 '콜매수 + 풋매도 = 합성선물 매수'가 되고 동일한 행사가격의 '풋매수 + 콜매도 = 합성선물 매도'와 동일한 손익구조가 된다. 직접 독자가 그려보면 쉽게 이해가 된다. 현물과 선물 사이의 순간적인 가격 차이를 이용하여 동시에 선물과 현물을 거래하는 것으로 현물과 선물 사이의 차익거래가 가능했듯 풋−콜 패러티를 통해서 비싼 것을 팔고 싼 것을 사는 차익 거래도 가능하다. 이론적으로 현물과 선물, 현물과 합성 선물, 선물과 합성 선물 세 가지 경우의 차익 거래가 순간적으로 가능해짐을 알 수 있다. 이 중에서 대표적으로 컨버젼과 리버셜이 있는데 다음과 같다.

컨버젼 전략 : 합성선물이 선물이나 현물보다 비싸질 경우 비싸진 합성 선물을 매도하고 상대적으로 싼 선물이나 현물을 매수하는 것을 컨버젼 전략이라고 한다. '합성선물 매도 + 선물 매수 or 현물 매수'를 말한다. 즉 '콜매도 + 풋매수 + 선물 매수_{혹은 현물 매수}'를 컨버젼이라 한다. 풋−콜 패러티에서 비싼 콜을 매도하여 프리미엄을 받고 채권을 발행하여 차입한 자금으로 풋을 매수하고 주식인 현물을 매수하면 된다. 콜매도와 풋매수_{합성선물 매도}와 자금을 차입하여 주식을 매입하는 것이 동시에 일어나므

로 결국 합성선물 매도, 현물 매수가 동시에 일어난다고 볼 수 있다. 컨버
젼 전략은 주로 상승장에서 콜이 상대적으로 고평가되었을 경우 차익거
래를 위해 선물이나 현물을 통해 차익거래를 하는 것을 말한다.

리버셜 전략 : 합성선물이 선물이나 현물보다 싸질 경우 비싼 선물이나
현물을 매도하고 싸진 합성선물을 매수하는 전략을 말한다. 합성선물 매
수콜매수+풋매도와 선물 매도혹은 현물 공매도를 리버셜 전략이라고 한다. 풋-콜
패러티에서 비싼 풋을 매도한 프리미엄과 주식을 공매도한 자금으로 콜
옵션과 채권을 매수하는 전략을 말한다. 리버셜 전략은 주로 하락장에서
풋이 상대적으로 고평가되었을 경우 차익거래를 위해 합성선물을 매수하
고 선물이나 현물을 매도하는 전략을 말한다.

옵션 전략

수많은 옵션 전략이 있어서 처음 옵션을 접하는 사람들은 "그 많은 전
략을 다 알아야 할 것인가?"라는 고민에 빠지게 된다. 일일이 이름을 다
외우기도 힘들 만큼 많은 수의 옵션 전략이 있지만 옵션 전략은 결국 스
프레드와 스트래들의 적절한 조합으로 나뉜다. 이 둘만 정확히 알고 있으
면 된다는 게 저자의 생각이다.

기초자산의 방향성 관련 투자는 Naked 옵션인 콜옵션, 풋옵션과 스프
레드 거래가 있다. 스프레드Spread 거래는 시장가격이 예상대로 움직일
때에는 이익을 얻을 수 있는 반면 예상이 빗나갔을 때에는 손실을 한정시

키는 전략이다. 대표적으로 강세 스프레드와 약세 스프레드가 있다.

강세 스프레드 : 행사가격이 낮은 옵션 매수 + 행사가격이 높은 옵션 매도. 기초자산 상승 예측시 사용, 상승시 이익, 하락시 손실 한정.

약세 스프레드 : 행사가격이 높은 옵션 매수 + 행사가격이 낮은 옵션 매도. 기초자산 하락 예측시 사용, 상승시 손실 한정, 하락시 이익.

기초 자산의 방향성이 아닌 기초자산의 변동성 확대 및 축소를 예상하여 투자하는 스트래들과 스트랭글이 있는데 현물과 선물은 방향성만을 대상으로 투자한다면 옵션은 결국 변동성에 투자하는 상품이라 할 수 있다. 최근에 장세가 자주 급등과 급락을 반복했다면 옵션의 가치는 고평가될 개연성이 클 것이고 최근에 박스권 장세가 오랜 기간 이어져 왔다면 옵션의 가치는 저평가될 개연성이 클 것이다. 변동성이 향후 축소될 것이라고 예상될 때에는 스트래들 매도 혹은 스트랭글 매도, 방향성이 확대될 것이라고 예상한다면 스트래들 매수 혹은 스트랭글 매수로 대응하면 되겠지만 향후 장세의 변동성을 예측하는 것은 방향성을 예측하는 것이 쉽지 않듯이 또 다른 예측의 영역이다.

스트래들 매수 : 같은 행사 가격의 콜옵션과 풋옵션을 매수, 흔히 델타 중립으로 베가를 산다고 표현. 향후 변동성 확대를 예상하여 기초자산 변동폭 확대 시 이익, 변동성 축소 시 손실.

스트랭글 매수 : 다른 행사 가격의 콜옵션과 풋옵션을 매수. 향후 변동

성 확대를 예상하여 기초자산 변동폭 확대 시 이익, 변동성 축소 시 손실

기타 옵션 전략들 대부분이 자세히 살펴보면 스프레드와 스트래들의 조합임을 자세히 살펴보면 알 수 있고, 대부분의 선물 회사나 증권 사이트에서 옵션 전략별 손익 구조를 HTS Home Trading System 에서 지원하므로 나머지 전략 부분은 생략하도록 하겠다.

옵션 시장에서 살펴봐야 할 data

VKOSPI 지수와 콜옵션, 풋옵션 내재 변동성

현물과 선물이 가진 방향성 투자 이외에 옵션은 변동성이 가미된 투자 수단이다. 우리나라 주식 시장이 1980년부터 연평균 10% 가량 상승했다면 변동성은 상승장에서보다는 하락장에서, 그리고 급등보다는 급락 장에서 확대된다. 즉 변동성 지수의 급격한 상승은 주식 시장의 급락과 같다고 볼 수 있다. 미국 S&P 500 옵션 거래의 변동성 지표인 VIX지표를 공포지수라고 부르듯이 '변동성 급격한 확대 → 지수 급락' 과 동일한 의미라고 볼 수 있다. 2009년부터는 우리나라에서도 VKOSPI 지수를 산정하기 시작했다.

오직 현물인 주식 투자만 하는 개인 투자자라도 선물에서 꼭 참조해야 할 지표들이 있다. 옵션 투자를 하지 않을지라도 옵션의 변동성 지표들은 참조하길 바란다. VKOSPI지수는 평균적으로 20 미만이면 저점 영역에

가깝고 50 이상이면 고점대에 가깝다고 볼 수 있다. 즉 VKOSPI 지수가 20 이하의 저점 영역대에 있을 경우 저점에 가까운 영역으로 조만간 변동성이 확대될 수 있고 고점 영역대에 머물고 있다면 조만간 변동성이 축소될 수 있을 것이다. 아래는 2009년 11월 VKOSPI200 지수와 콜, 풋의 내재 변동성이다.

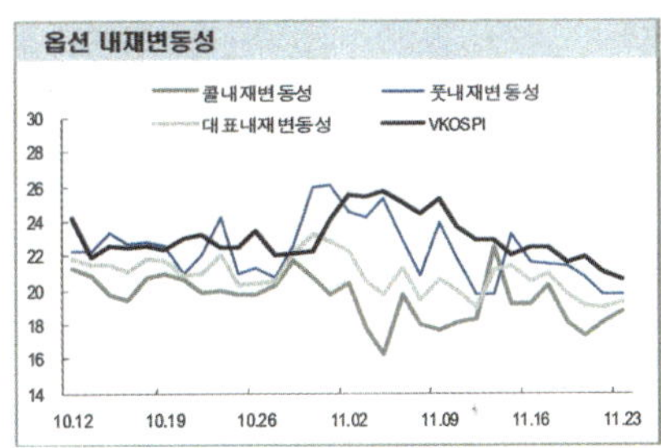
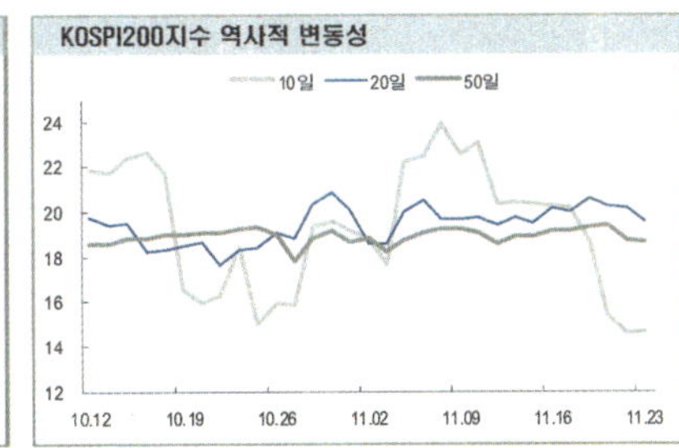

VKOSPI 지수와 콜, 풋 내재 변동성

출처 : 우리선물

풋/콜 레이쇼

'풋거래대금/콜거래대금' 혹은 '풋미결제약정/콜미결제약정'을 풋/콜 레이쇼라고 부른다. 향후 장세를 하락 장세로 예상한다면 풋옵션 거래가 활발할 것이고 상승장세로 예상한다면 콜옵션 거래가 활발할 것이므로 일반적으로 1 이상의 고점에서는 주식시장의 침체로, 1 이하의 저점에서는 주식 시장의 과열로 판단할 수 있다. 아래는 2009년 11월의 풋/콜 레이쇼이다.

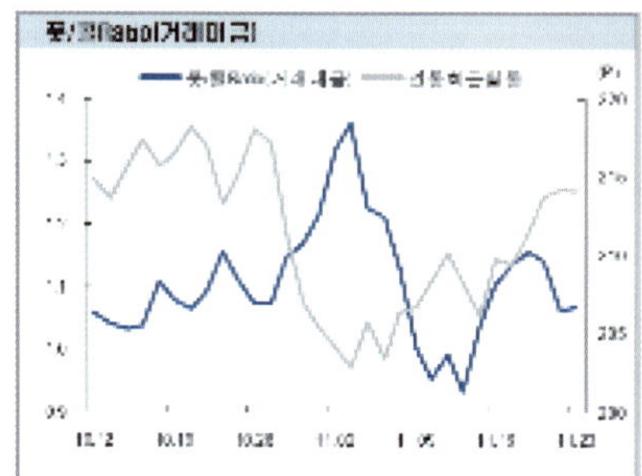
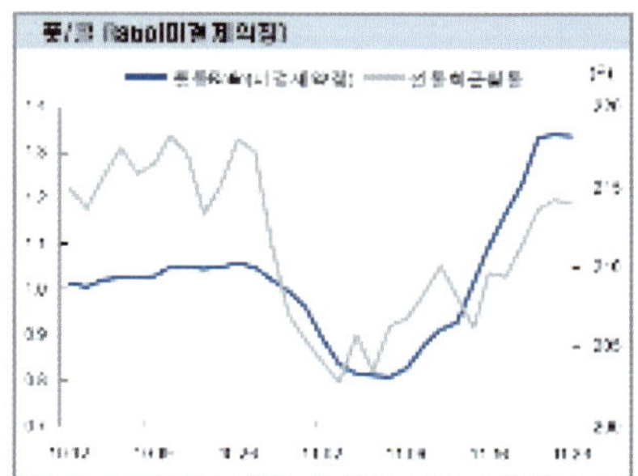

출처 : 우리선물

스프레드(선물 베이시스 – 합성선물 베이시스)

선물 지수와 현물^{KOSPI200}의 시장 베이시스 차이 여부로 인해서 프로그램 매수 혹은 프로그램 매도가 나올 수 있듯이 스프레드라고 하여 '선물-합성선물' 의 차이를 일컫는 지표를 살펴볼 필요가 있다. 양자 간의 차이가 커질 경우 비싼 쪽을 팔고 싼 쪽을 사는 차익 거래가 가능해지고 만기일에 반대 포지션으로 물량이 출회될 개연성이 있기 때문이다.

선물 베이시스와 합성선물 베이시스

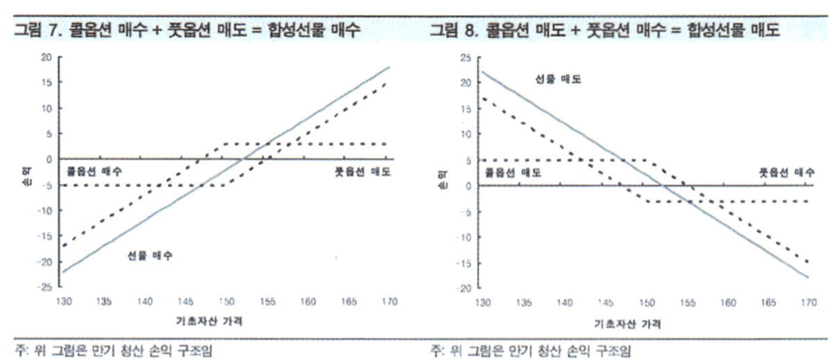

주: 위 그림은 만기 청산 손익 구조임
자료: 대우증권 리서치센터

주: 위 그림은 만기 청산 손익 구조임
자료: 대우증권 리서치센터

210쪽의 그림은 2004년 5월 선물 베이시스와 합성선물 베이시스의 스프레드 동향을 나타낸 것이다. 합성선물이 선물에 비해 저평가되어 있는 상태로 비싼 콘탱고 상태인 선물을 매도하고 상대적으로 싼 백워데이션 상태인 합성선물을 매수하는 리버셜 전략이 유효하다고 할 수 있지만 그 스프레드는 그렇게 크지 않아 리버셜 전략에 따른 선물 매도 물량이 나오리라고 장담할 수 없다. 하지만 조금만 더 스프레드가 확대된다면 리버셜 전략을 구사하기 좋은 상태라고 할 수 있다.

옵션은 일반 투자자에게는 쉽게 권하기 어려운 투자 상품이다. '매수자-매도자'가 평등한 게임이 아니기 때문이다. 더불어 우리나라의 경우 만기일 동시호가 이후에 급격한 지수 변동이 자주 일어나고 불과 20-30분 사이에 종합지수가 1% 가량 오르락내리락하다가 가능한 시장으로 만기 시점에 10분을 남겨두고 내가격 옵션이 외가격이 되거나 외가격 옵션이 내가격이 되기도 한다. 만기일 마지막 시점에 변동성이 확대되어 때로 우리나라 옵션 시장은 '사기장'으로 불리기도 한다. 옵션은 단순한 방향성만으로 투자하는 상품이 아님을 다시 한 번 강조하고 싶다.

ELW에 관하여

옵션과 똑같은 상품구조를 지녔지만 조금은 다른 점이 있는 ELW Equity linked Warranty가 있다. 가장 큰 차이점은 옵션이 매수자와 매도자에 의해 거래가 시장에서 자유롭게 이뤄지는 반면 ELW는 유동성 공급자에 의해 가격이 조절된다는 것이다. ELW는 또한 개인이 매도할 수 없고 오직 매수만 할 수 있다.

ELW 매수 이전에 고려할 사항을 간단 정리하면 다음과 같다.

■ 유동성 공급자가 매수호가와 매도호가 사이의 간격을 충분히 좁게 유지하는가?

■ 거래량은 충분하여 시장에서 원활히 사고팔 수 있는가?

■ 역사적 변동성과 비교하여 현재 내재변동성이 지나치게 높다면 비싼 ELW이므로 매수하지 말라.

■ 유동성 공급자가 더 이상 유동성 공급을 하지 않는 만기 한 달 정도 전후에 거래가 활발한가?

■ 유동성 공급자의 잔여 물량이 얼마나 남았는지 확인하고 매수하라.

■ 초보 ELW 투자자라면 가급적 만기 6개월 이상의 장기 ELW를 대상으로 하라.

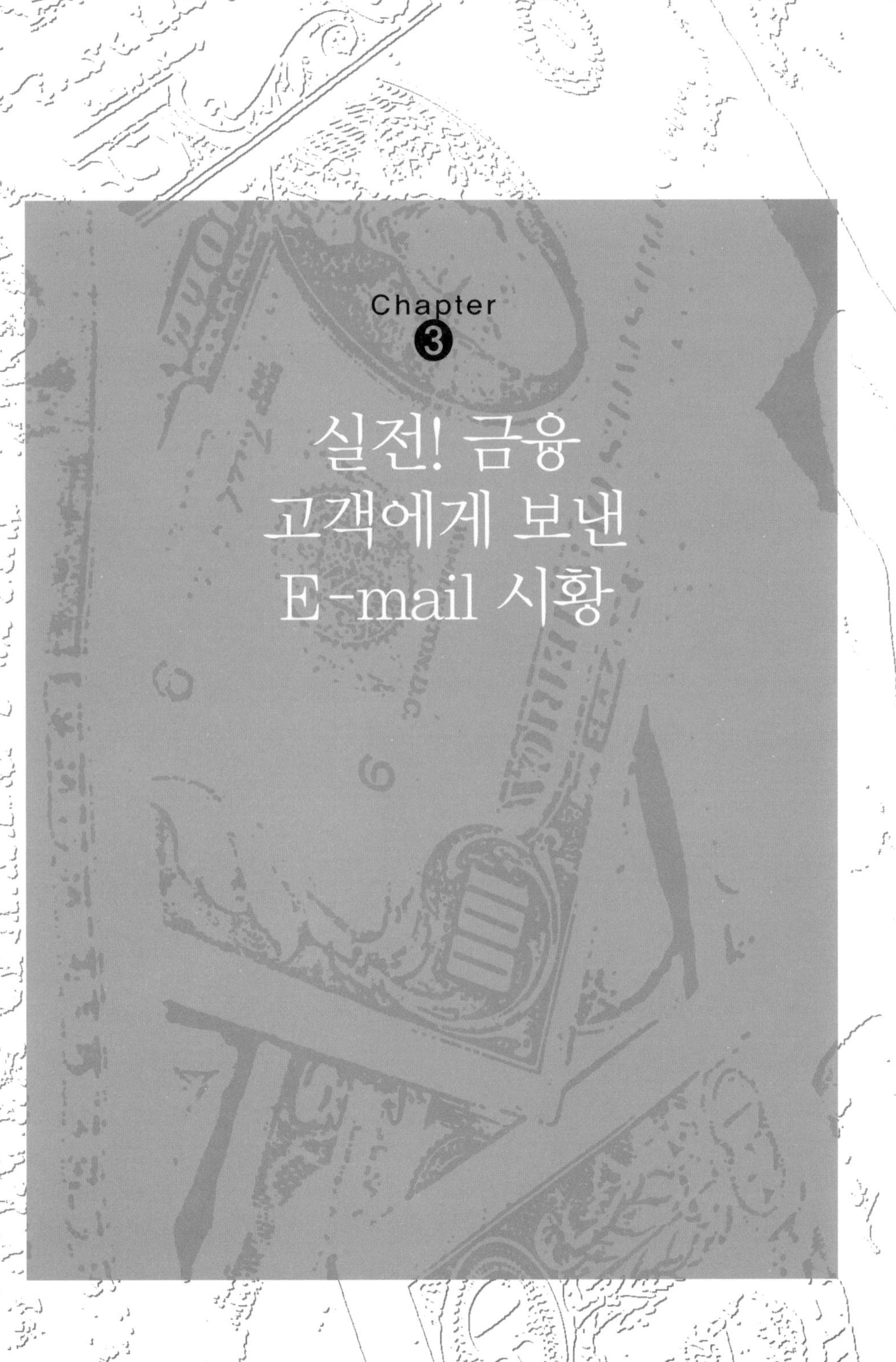
Chapter
3
실전! 금융
고객에게 보낸
E-mail 시황

고객과의 이메일로 점검해본 경제의 핫이슈들

이 글은 저자가 현업에서 금융컨설팅을 하면서 매주 고객들에게 보낸 이메일 가운데 일부를 발췌한 것들이다.

나는 2008년 펀드를 운용하다가 고객 한 명과의 신뢰 문제로 인해 펀드를 최악으로 치닫게 했던 적이 있다. 이른바 대리인과 '죄수의 딜레마'로 일컬어지는, 믿지 못해 생긴 문제 때문이었다. "이 일을 그만둘까?"로 심각하게 고민하던 저자에게 그러나 대부분의 고객들은 앞으로 회사를 만들자며 더욱 많은 격려를 보내 주었다.

이메일의 글들은 인터넷이나 언론에 떠도는 글들을 복사한 게 아니라 내가 직접 시장 상황을 분석하고 정리한 내용들이다. 10년 동안 내 고객을 만들고 15-20년 동안 그 고객들만을 위해 펀드를 운용하겠다는 결심을 실행하면서 매주 경제 돌아가는 상황을 고객들에게 알리기 위해 시작한 일이었다. 물론 중간에 중단된 적도 있었지만 꼭 지키고 싶었고, 앞으로도 계속 지켜나갈 생각이다.

그럼에도 모든 경제 상황을 올바르게 예측하는 것은 불가능의 영역일 것이다. 발췌한 이메일의 분석 가운데에도 틀린 것들이 없지 않다. 또한 앞으로 보내는 예측들 또한 빗나갈 수도 있다. 그럼에도 이메일을 보내는 것은 고객을 위해 뭔가 한 가지를 계속 해나가려는 내 자신의 마음가짐 때문이다. 다행히 몇몇 고객들이 이메일의 내용이 너무 좋다고 적극 추천하기도 했다. 지나간 과거의 경제상황이지만 그것들에서 배울 점들이 적지 않다는 생각에 일부를 발췌한다.

장-단기 금리가 역전되고 있다! – 경기 하락의 신호인가?(2007년 3월 2일)

경제의 가장 중요한 Indicatior라 할 수 있는 것이 금리입니다. 금리가 지나치게 높아지면 기업이나 가계에 엄청난 부담이 되어 경기는 하락하기 마련입니다. 또한 금리가 상승함에 따라 채권값과 주식 시장도 하락하게 됩니다. 1년 미만의 단기 통안채권 금리가 현재 5%인데 반해 5년 만기 국공채의 경우 4.88%로써 장-단기 금리가 역전되고 있습니다. 최근에 단기 채권의 금리가 급작스럽게 올랐고 이러한 장-단기 금리 역전 현상은 당분간 지속될 것으로 보입니다. 이는 가계 및 기업에 부담으로 작용할 것입니다. 단기 금리보다 장기 금리가 낮다는 것은 평상적으로 경기 하락을 예고하는 것입니다.

미국도 현재 장-단기 금리가 역전되어 있는 상황으로 1965년부터 2005년까지 금리 역전 현상은 총 7차례 발생하였고 그 가운데 6번이 경기 침체로 연결되었습니다. 그러나 현재 미국과 우리나라의 장-단기 금리 역전 현상에는 차이점이 있습니다. 우리나라는 단기 금리가 급등함으로써 장-단기 금리가 역전되고 있는 반면에 미국의 경우엔 장기 금리가 하락함으로써 장-단기 금리가 역전되고 있는 것입니다. 전반적으로 장-단기 금리의 역전현상은 경제의 커다란 경고 시그널의 하나로 받아들이면 좋을 듯합니다. 장기 금리가 현재의 1년 금리보다 낮다는 것 자체가 경기 주체자들이 대부분 향후 경기를 나쁘게 전망하고 있음을 뜻합니다. 이는 경기 하락에 대한 하나의 신호로 해석할 수 있습니다. 현재와 같이 단기 금리가 급등해 있는 상황에서 가장 중요한 일은 유동성을 어느 정도 확보해두는 것입니다. 단기 자금은 1년 통안채 5%, 1년 신탁상품 뉴리더 CP 6.7%로써 운용 자금 중에서 유동성 확보가 필요한 자금은 단기 채권 위주로 운용하면서 고 위험군 자산을 적당히 줄여 나가는 것도 좋은 방법입니다.

2004년 8월 26일 이후 3년을 돌아보니(2007년 8월 16일)

역사적으로 보면 과거에 부의 흐름이 아시아에서 서양으로 넘어갔는데, 이것이 다시 아시아로 넘어오는 리오리엔트 과정이 진행되고 있습니다. 우리나라만 보면 경제의 거시적 흐름이 실물자산 위주에서 금융자산의 비중 확대로 이어지고 있고 이런 변화는 여전히 진행 중입니다. 경제의 흐름을 예측하다보면 제대로 할 때도 있고 그렇지 못할 때도 있습니다. 그러나 그 누구도 앞으로 시장이 어떤 방향으로 흘러갈 것이라고 100% 정확히 예측할 수는 없으며 이미 그것은 예측의 영역이 아닌 듯합니다. 지난 3년간 저자가 고객들에게 말씀드린 내용 가운데 제대로 예측한 것과 잘못 예측한 과오들을 정리해 봤습니다.

옳았던 것

미국의 쌍둥이 적자 이후 미국을 포함한 선진시장에 투자 제안한 적 없음_{줄곧 달러화 약세 나타냄}.

2004년 및 2005년 우리나라의 강세장 예상 → 국내 투자 활성화를 위해 모든 고객 ETF 가입시킴.

2006년 우리나라 약세 및 BRIC's 강세 → 국내 비중 축소 해외 이머징 투자 비중 확대.

2007년 우리나라 강세장 예상 → 개별 주식 Report 2006년 10월 초부터 Briefly reporting.

틀렸던 것

엔화 값이 820원일 때 더 이상 엔화가 하락하여 800원을 안 깨리라는 예측_{엔화는 더 무너졌고 현재 740원 정도임}. 2006년 지나치게 과열된 BRIC's 시장 특히 중국을 2007년 초 투자 회수 후 관망했던 것.→ 그 이후에도 중국 증시는 30% 이상 상승하여 역사적 고점을 깼음.

투자 중립을 권하는 여러 가지 이유(2007년 9월13일)
근거

1. 경제의 최대 변수는 결국 돈의 값_{금리}이라고 할 수 있는데 현재 대표적인 세계금리지표인 LIBOR 금리의 장-단기 금리가 역전되어 있습니다. 그만큼 은행들 간에 돈줄이 단기적으로 막혀 있음을 나타내는 반증으로 시장이 유동성 제약인 상태입니다.

리보 금리 상황 → 1개월 단기물 5.803%, 12개월 물 5.082%로 장-단기 금리가 역전될 경우 유동성이 악화되었고 그 격차가 급격해질수록 경제 파장은 큽니다. 현재 정도의 장-단기 금리 역전은 용인할 수준이나 격차가 더 벌어질 경우 심각한 위험신호로 받아들여야 합니다. IMF시절 한때 우리나라의 1개월 금리가 30%, 3년 물이 15%였던 게 대표적인 사례입니다.

2. 중국의 인플레가 예상치를 웃도는데, 세계 석유 35%를 소비하는 중국으로서는 인플레의 우려와 과열된 증시 조정을 위해서라도 금리를 올릴 수밖에 없습니다. → 증시에 악재로 작용. 개인적 생각으로 중국 시장은 폭탄 돌리기 일보 직전의 막가파장 같은 느낌이 듭니다.

3. 금값의 고공행진

유동성 제약으로 인한 주식 시장 및 경기 둔화의 원인으로 금리가 상승했고, 이에 대한 대응으로 금값이 상승했습니다. 연초에 고객들에게 신한은행의 금지수에 투자하라고 한 것도 급격한 주식 상승 릴레이 이후 하락장이나 금리 상승 시 금이 최고의 투자처를 제공해주기 때문입니다.

4. 5조 원에 육박하는 차익잔고

오늘이 선물, 옵션, 개별옵션 동시 만기일로 5조 원에 육박하는 차익잔고는 거의 최고 수준입니다. 어제의 경우 개인, 외국인 매수 기관은 매도로 보합 수준이었으나 프로그램 매도 3000억 원의 출하에 따른 지수 하락이고 최근의 장세는 대부분 5조 원에 육박하는 차익잔고의 매도와 매수에 따라 지수는 등락하고 있습니다. → 방향성을 잘 잡으면 큰 수익을 낼 수 있겠지만 일반인들은 왜 갑자기 지수가 떨어지고 올라가는지 널뛰기 장세를 이해하기 힘듭니다.

불균형은 더욱 증대되니 금에 꼭 투자하세요(2007년 10월 8일)

제가 컨설턴트 일을 시작한 이후엔 대부분 BRIC's에 투자를 권했지만 지난해에 워낙 중국이 급등한지라 올 초에는 빠져 나오길 권했습니다. 버블이 막판으로 번질 때까지는 투자하는 것이 수익을 챙기기에 더 좋겠지만 여전히 중국의 현 상태는 버블의 전형이고 당분간 더 갈 것 같습니다. 2002년 MSCI 지수는 225였고 BRIC's를 포함한 MSCI의 현재 지수는 만 5년이 지난 현재 1200입니다. 이는 연평균 40%를 의미합니다. 그렇다면 BRIC 경제가 매해 40%의 경제 성장을 했을까요? 자국 내에 투자 모멘텀이 없어 전 세계에 유동성을 공급한 엔화와 전 세계적 저금리 기조로 인한 유동성 공급은 실질 성장과 더불어 대부분의 자산(주식, 부동산, 원자재)을 크게 올려놓았습니다. 전 세계 증시를 5년 전부터 살펴보십시오. 거의 안 오른 주식시장이 없을 것이며 원자재 시장도 마찬가지입니다. 미국을 제외한 전 세계 대부분의 국가는 무역수지 흑자를 나타내고 대부분의 무역적자를 미국이 지고 있는데 향후 달러 약세와 인플레가 더 심화되면 현재의 불균형은 또다른 균형점을 찾아갈 것입니다. 지난번 메일에서도 말씀드렸듯이 향후 달러는 꾸준히 약세를 좀 더 지속할 것입니다. 이

러한 달러 약세 하에서는

1. 금

2. 농산물

3. 금리 고점에서의 채권투자

가 가장 좋은 투자 수단이 될 수 있습니다. 현재 금이 온스당 700불이 넘습니다. 제 고객분들께 다시 한 번 말씀 드리지만 신한은행의 골드리슈 금적립에 적립식으로 작은 금액이라도 들어두셨다가 금이 온스당 $650불 이하로 내려갈 경우 투자금액을 늘리는 방법으로 조금씩 금 투자 비율을 늘려가는 것입니다. 농산물의 경우 현실적으로 안정적인 투자를 할 수 없기에 미국이나 런던에 상장된 농산물 지수에 투자하기는 어렵습니다. 그 대안으로라도 우선 금을 조금씩 사 두었으면 합니다. 미국의 서브프라임 사태가 어느 정도 진정이 되어간다고는 하나 누적된 경상 + 재정 적자로 인하여 향후 미국은 또 다른 악재에 쉽게 노출되기 마련입니다. 역사적으로 돌이켜 보면 이머징 마켓의 주식시장의 버블을 나타내는 징후는 다음과 같습니다.

1. 증시지수가 200일 이동평균을 30% 상회하였고 현재 20% 상회하고 있음.

2. 증시버블의 고점은 PER 25-30, PBR 3.6배 수준이었고 현재는 PER 13, PBR 3.0이며 중국의 경우 PER 50임.

3. 채권 수익률 : 인플레 상승과 채권수익률 상승은 주기적인 고점의 신호를 나타냄.

미국이 추가 금리 인하를 할 수 있지만 여전히 낮은 엔화 금리로 인하여 전 세계의 유동성은 여전히 늘어나고 있는 만큼 버블이 좀 더 진행될 때까지 다시금 BRIC's에 투자를 하는 것도 그리 나쁘진 않습니다.

Am I wrong?(2007년 10월30일)

추석을 전후해서 저는 어느 정도 세계 경제의 변곡점 징후를 느꼈습니다. 추세가 서서히 꺾이리라 예상했지만 지난 금요일과 어제 실질적인 지수 상승폭은 프로그램 매수로 인한 확대 폭이 컸고 전 세계 증시는 다시 달리고 있습니다. 제가 Finance를 다시 공부해야 하는 것인지 역시 투자는 그리 만만한 것이 아닌 듯합니다. 최근의 주식시장 활황으로 다시 꾸준한 지수 상승에 무게 추를 두고 있는데, 내일로 예정된 미국의 FOMC의 금리 인하 0.25 Base Point 확률 85% 50 BP 25%로 전 세계 주식 시장이 계속 상승 기조를 유지하고 있습니다. 이는 달러 기축통화국인 미국의 정책 여하에 따라 전 세계 증시가 출렁거리고 있기 때문입니다. 금리 인하는 인플레 압력에 시달리는 실물 경제에 또 다시 기름^{유동성 확대}을 부음으로써 당분간 주가는 올라갈 수 있을 것입니다. 그러나 달러화 약세에 의한 달러 투매로 더욱 더 유가인상, 원자재 인상, 금값 인상 등 장기적 관점에서 오히려 부메랑이 되어 돌아올 수 있습니다. 현재 미국의 경우 다년간 지속되어 온 쌍둥이 적자가 서서히 불거져 나왔고 서브프라임 사태의 규모가 만만치 않으나 기축통화국이라는 지위를 이용해 달러를 찍어내서 시장에 공급하는^{금리인하} 방향으로 처방을 하고 있습니다. 이는 경제 위기 시에 우리나라나 태국, 아르헨티나 등 대부분의 나라에서 하던 처방과는 사뭇 다른 것입니다. 그만큼 기축통화국의 특혜일 수 있겠지만 이는 장기적 관점에서 달러 패권 종식을 서서히 불러올 효시가 될 수도 있을 것입니다. 최근의 주식 시장 활황은 FOMC의 금리 인하에 대한 기대심리의 선반영이지만 개인적으로는 동결이 보다 실물경제에 도움이 되지 않을까 생각합니다. 금리인하가 단행되면 주식, 유가를 포함한 원자재 등에는 좀 더 거품이 끼게 될 듯합니다. 지금까지 투자의 역사와는 다르게 첨부한 Excel 서류를 보면

금값 27년 만의 최고가 경신(온스당 780 불)

유가 배럴당 93 달러 육박

달러의 가중 평균치인 달러지수 77.4로 최저치

우리나라 및 대부분 수출 주도국의 경우 처한 상황은

고유가, 금리 상승, 달러화 약세 → 즉 삼고 시대로 경제에 악영향이나 미국의 금리 인하에 따른 유동성 확대로 인하여 상승 기조를 보이고 있습니다. 그러나 이 추세가 얼마나 오래 지속될지 주가는 실물 상황과 반대로 움직이는 듯합니다. 최근에 삼성 경제 연구소에서 중국발 인플레가 전 세계를 위협할 수 있다는 리포트가 나왔고, 연착륙이든 경착륙이든 미국 경기가 하강할 것이라는 데에 대부분 동조하고 있고 미국이 금리 인하^{그냥 또 달러 찍어내면 되니까}라는 약발로 허약해져 가는 실물 경제를 유동성으로 떠받치는 상황인 듯합니다. 중국발 인플레 + 미국 경기 침체 + 엔케리 청산이 동시 다발로 일어나면 정말 엄청난 후폭풍을 가진 Shocking이 올 것입니다. 다행히 아직 전 세계는 달러화 약세, 고유가, 원자재 급등의 악재보다 미국 FOMC의 금리 인하의 영향을 더 받으며 대부분의 악재를 무시하는 듯하지만 이럴 때일수록 투자 관망이 필요합니다.

Watch out! Something will be happened(2007년 12월17일)

서브프라임 사태 이후를 대수롭지 않게 진단했던 대다수 증권사 리포트와 달리 제가 가장 우려했던 부분은 프레디맥 혹은 지나맥이라고 일컬어지는 우리나라의 주택담보공사에 해당하는, 국가에서 운영되는 담보채권 기관의 손실 충격이었습니다. CDO Collaterlized Debt Obligation는 간단히 말해 후순위채 Equtity, 중순위채 mezzanie, 선순위채 senior dept로 level을 나누게 되는데 서브프라임은 곧 후순위채에 투자한 투자자들에게 1차적 피해를 주고 그 이후 중순위채, 선순위채의 순서로 피해를 줍니다. 선순위채까지 피해가 확산되었다면 그 피해 규모는 막대하다고 볼 수 있습니다. 앞서 언급했듯이 프레디맥 혹은 지나맥은 나라에서 운영되는 것으로 안정성 면에서는 미국 국채 다음으로 우리나라 국채 정도의 안정성을 지녔다고 볼 수 있는데, 그것이 피해를 봤다는 말은 피해 규모를 디테일하게 알지 않아도 결코 간과할 수준이 아님을 짐작케 합니다. 오늘 리보 금리를 체크해 보니 금리 기간 구조 Term structure는 확연하게 장-단기 금리가 역전되었고 그 스프레드는 더욱 넓어지고 있습니다. 표를 보십시오.(2007년 12월 17일 현재 기준입니다.)

미달러 LIBOR (USD)

기간	LIBO	변동폭	날짜
LIBOR USD 1개월	4.996	0.031	12/14
LIBOR USD 2개월	4.982	0.027	12/14
LIBOR USD 3개월	4.966	0.024	12/14

LIBOR USD 4개월	4.923	0.014	12/14
LIBOR USD 5개월	4.894	−0.001	12/14
LIBOR USD 6개월	4.849	−0.020	12/14
LIBOR USD 7개월	4.753	0.000	12/14
LIBOR USD 8개월	4.673	0.000	12/14
LIBOR USD 9개월	4.601	0.000	12/14
LIBOR USD 10개월	4.543	0.000	12/14
LIBOR USD 11개월	4.490	0.000	12/14
LIBOR USD 12개월	4.439	0.000	12/14

위에 LIBOR 금리_{영국은행 간 거래되는 금리로 국제 표준이 된다고 볼 수 있습니다}를 보면 불과 지난 달까지만 해도 리보 1개월에서 6개월까지 장-단기 금리가 역전_{단기 금리가 장기 금리보다 높은 상태 ex) 리보 6개월 5%, 리보 1년 4%}되었고 그 이후에는 다시 금리가 올라가는 구조였지만 현재는 단기 1개월 금리가 5%에 육박하고 1년까지 뒤로 갈수록 금리가 줄어드는 전형적인 유동성 문제가 발생하였습니다. 이는 아주 강력한 신호로 현재 미국 내의 유동성에 엄청난 문제가 발생한 상태로 봐도 큰 무리가 없습니다. 장-단기 금리가 확연하게 역전되어 있고 초단기 금리에서 더욱 급격하게 역전되어 있다는 것은 곧 미국에서 돈줄이 마르고 있음을 의미합니다. 유동성 문제는 곧 이익이 난 시장에서 유동성을 확보할 수밖에 없고 신흥 시장에 투자된 투자액을 회수하는 상황으로 이어질 수 있습니다. 신흥 시장의 문제는 아니지만 결코 무시할 수준이 아닙니다. 국내의 경우에도 그 여파가 그대로 진행되어

지난달에 있었던 국채의 급격한 상승과 스왑 스프레드의 급격한 변화 등이 다시 재연될 수 있습니다. 이에 따라 국내 금리 상승도 지속될 수 있음을 의미합니다. 지속적인 금리 상승은 주식 및 채권 투자자에게는 독약이 되고 금리가 주식보다 채권에 우호적인 상황까지 갈 경우엔, 즉 엔캐리를 염두에 두지 않더라도 선진국의 유동성 문제와 국내 금리 상승 두 가지만으로도 대량의 자금이 채권으로 옮겨갈 경우엔 주식 시장이 더 큰 충격을 받을 수 있습니다.

2007년 12월 17일 국내 주식시장 체크

구분	유가 증권	코스닥	선물	call 수량	금액	Put 수량	금액
외국인	−2,432	−274	−1,063	−81,311	−6,619	38,631	3,605
개 인	1,919	175	662	113,531	7,701	−41,382	−6,807
기관계	−161	10	345	−31,182	−1,012	5,084	3,258

외국인은 또다시 100% 매도 포지션을 잡고 있고 기관 또한 프로그램 매수를 제외하면 매도 포지션을 잡고 있고 개인만이 매수 포지션을 잡고 있습니다. 외국인이 100% 매도 ^{현물 .선물.콜매도 풋매수} 포지션을 잡는 날은 그리 많지 않습니다. 개인이 운영하는 자금과 대규모 자금을 운용하는 기관의 운용은 당연히 달라지는데 이렇게 100% 매도 포지션이 확인되었습니다. 또다른 문제로 오늘 주식 시장의 총 거래 대금은 불과 4조 원대에 지나지 않았습니다. 보통 우리나라 주식 시장의 거래 대금은 6-7조 원에 이르는데 불과 4조 원대의 적은 거래량과 외인들은 100% 매도 공세로 주식 시장은 3% 가까이 밀렸고 더 밀릴 여지는 남아 있는 듯합니다.

총성 없는 전쟁이 벌어진다(U.S vs World market)(2008년 1월 22일)

Where are we? : 예견된 외국인의 매도 행렬

2002년 워싱턴 D.C와 솔트레이크 시티 그리고 뉴저지 변두리 등지를 갔었을 때, 대도시를 필두로 집값이 폭등 중이었습니다. 돈 없는 유학생들조차 한국에서의 송금과 모기지를 이용해 집을 사고, 능력 없는 사람들마저 같은 방법으로 집을 사고 있었습니다. 여하간 그 후유증이 터졌는데 그렇게 개인이 대출받은 향후 대출금을 대상으로 대출 금융기관은 자산유동화회사^{SPC}에 넘기고 새로운 총 SPC사는 개개의 향후 들어올 매달 상환금을 합쳐서 새로운 현금 흐름을 만들고^{Pass through} 이러한 현금 흐름을 층화별, 만기별로 각각 자르고^{CDO} 금융화^{Securitized}해서 다시 팔게 되었습니다. 즉 선순위, 중순위, 후순위로 나뉘고 금리가 올라가 대출금을 갚지 못하게 되자 후순위 투자자가 피해를 입고^{서브프라임 사태} 후순위에 해당되는 중순위^{Mezzane} 투자자도 피해를 보게 되었고, 미국 정부에서 대출자들을 대상으로 현재의 금리가 아닌 대출 당시의 낮은 이자율을 적용한다고 하니 중순위 이상의 투자자들로까지 피해가 확산^{현재 미국에서는 몇몇 투자기관에서 재판을 진행 중임}되고 있습니다. 이것이 지금 상황에 대한 그림입니다.

대표적 징후

1. 프레디맥과 지나맥등 미국 국채 이상의 안전 투자 기관이 투자 손실을 입었다는 뉴스. 즉 후순위 이상에 투자한 투자 기관도 피해를 입었다.

2. 부시가 대출시점의 금리를 적용하기로 발표함. 변동부채금리부^{ARM}

투자자에게 투자 손실 규모를 확대하게 됨.

3. 단기 수익률 곡선이 점차 급격한Steepened 단고 장저의 현상을 나타냄.

Stop when? : 외국인 매도세가 언제 진정될 것인가?

그렇다면 언제 매도세가 진정될 것인가가 핵심입니다. 각종 증권사나 TV에서 쏟아내는 우리나라 주식 시장의 차트나 이동평균선 같은 것들은 별 의미가 없습니다. 단순하게 말해서 지금의 매도세는 미국의 유동성 리스크로 인해 각종 수익을 낸 투자자산을 팔아서주로 이머징 마켓 주식라도 자산 상각을 해야 하고 급전을 메워야 하는 상황으로 진원지인 미국 시장의 데이터가 중요합니다. 그렇다면 어떤 데이터에 중요성을 둬야 하는지, 호전될 경우 투자 포지션을 어떻게 가져가야 할지가 관건입니다.

꼭 살펴야 할 중요한 Market data List

1. LIBOR 수익률 곡선

2. 미국내 국채와 회사채 사이의 스프레드

3. 달러/엔 환률과 달러/원화 환률

4. CRS와 IRS 사이의 스프레드

5. 국내 수익률 곡선

6. 국내의 주식 총 거래 대금 감소율 과 외국인 매도세의 감소율

우리는 KOREA라는 인구 5천만의 작은 나라에 살고 있습니다. 그리고 투자의 영역에서 자금조달에 국가라는 브랜드는 별 의미가 없습니다. 쉽

게 말해 한 개인이 현대차를 사려고 하면 대부분 리스나 할부를 통해서 살 수 있고 현대 캐피탈은 이렇게 필요한 자금을 우리나라를 통해서 조달할 수 있고 미국 혹은 영국을 통해서 조달할 수 있습니다. 요컨대 전 세계 금융 시장은 각국의 채권, 주식, 부동산 시장이라고 불리는 자산 시장과 각국의 자산 시장을 연결해주는 외환 시장으로 거미줄처럼 엮여 있다고 보면 됩니다. 이제 위에서 말한 각종 지표들의 의미를 설명하겠습니다.

1. LIBOR 수익률 곡선

"달러화에 대한 단기 자금이 얼마의 금리에 통용되는가?" 하는 지표입니다. 하지만 이것은 수많은 시장 참여자들이 만들어낸 결과물입니다. 제가 몇 번에 걸쳐 고객에게 LIBOR 금리가 역전되었고 더 큰 폭풍이 올 수 있으니 유동성을 준비하라고 한 이유도 이 곡선이 현재 급격하게 단고장저^{달러 유동성 문제로 불을 끄려면 멀었다는 의미}의 현상을 보이고 있기 때문입니다. 향후 1월 말에 미국이 금리를 인하한다고 하였고 평균적으로 금리는 지난주보다 내려갔지만 여전히 단고장저의 전형적인 유동성 문제 신호를 내보내고 있습니다. 아래는 메일을 쓰는 지금 이 시간의 LIBOR rate이며 이 데이터를 꼭 주시하라고 말하고 싶습니다. http://ifc.yahoo.co.kr/html/RATE03.html (LIBOR rate)

아래에서 보이듯이 현재 LIBOR 1개월 3.902와 6개월 3.67, 4-12개월 3.268로 1개월과 6개월 간 230 BP, 1개월 간 12개월 650 BP 가량 엄청나게 급격한 기울기로 수익률이 역전^{단고장저}되어 있습니다. 이 기울기가 평평해지거나 정상인 단저장고 형태가 될 때에 미국의 유동성 문제가 정상

화되었다고 보면 됩니다.

미달러 LIBOR (USD)

기간	LIBO	변동폭	날짜
LIBOR USD 1개월	3.902	0.056	01/21
LIBOR USD 2개월	3.877	0.067	01/21
LIBOR USD 3개월	3.848	0.046	01/21
LIBOR USD 4개월	3.809	0.048	01/21
LIBOR USD 5개월	3.742	0.111	01/21
LIBOR USD 6개월	3.674	0.079	01/21
LIBOR USD 7개월	3.591	0.089	01/21
LIBOR USD 8개월	3.509	0.163	01/21
LIBOR USD 9개월	3.423	0.112	01/21
LIBOR USD 10개월	3.366	0.200	01/21
LIBOR USD 11개월	3.313	0.208	01/21
LIBOR USD 12개월	3.268	0.212	01/21

2. 미국내 국채와 회사채 사이의 신용 스프레드

유동성 문제가 붉어지면 안전 자산 선호 현상으로 국채와 회사채의 수익률 차이인 스프레드는 더 벌어지게 마련인데 이것이 줄어든다는 의미는 유동성 문제가 점차 완화된다는 의미입니다. 미국에서 금리를 1월 말에 인하한다고 해도 우리나라로 치면 한국은행에서 콜금리를 인하하더라도 이것은 한국은행과 은행 사이의 금리 간 거래입니다. 이것이 시중에 그대로 전달되지 않고 은행과 기업, 기업과 기업 간에는 여전히 금리가 높게 유동될 수 있습니다. 1월 초에 여전히 미국 내 스프레드는 무척 높았고 일반 기업의 경우 6.5%의 고금리에 허덕이고 있었습니다. 미국이 금리를 인하한 효과가 시장에 정확히 반영되어 유동성이 완화되고 있는지를 살펴볼 수 있는 두 번째 지표가 바로 미국 국채와 일반 회사채 사이의 넓어진 스프레드가 얼마나 줄어들고 있는가를 확인하는 것입니다. 이것은 아래 사이트를 통해서 볼 수 있습니다.

http://www.bloomberg.com/markets/rates/index.html → 미국의 국채, ARM, Prime rate 등의 곡선

http://finance.yahoo.com/bonds/composite-bond-rates → 미국 국채와 회사채 사이의 YTM 및 스프레드

3. 달러/엔과 달러/환률

달러/엔 의미

향후 미국 금리의 인하는 기정사실화되었고 일본의 경우 금리를 동결하였기에 일본과 미국 내 금리 차이는 더욱 좁아지고 있습니다. 이에 따라 일본 엔화는 단지 연이율 0.5% 밖에 안주는 통화일지라도 가장 안전한 통화로서 엔캐리 청산의 신호로 엔화가치가 더욱 급등할수록 안전자산 선호를 나타낸다고 볼 수 있습니다. 아래 링크한 그래프 상에서 달러/엔 그래프가 하락세를 마무리하고 반등할 경우, 즉 지난해 9월 115에서 2008년 1월 22일 현재 106.07로 엔화 가치가 급상승하였는데 이 흐름이 바뀌면 안

전자산 및 미국내 유동성 호전의 신호로 보아도 무방할 것입니다.

http://finance.yahoo.com/q/bc s = USDJPY = X&t = 1y → 달러/엔 그래프

달러/원화 의미

미국 금리 인하는 기정사실화 되어있고 국내 금리는 5 % 이상을 유지하고 있음에도 환률은 오히려 상승하고 있습니다. 이는 그만큼 단기적으로 국내에서 주식을 팔아 원화를 달러화로 바꾸려는 단기적 수요가 급증하고 있기 때문입니다. 아래 그래프 상의 자료는 미국 데이터이므로 오늘 현재의 환율 953.90을 반영하지 못하고 있지만 그래프를 보면 국내 주식 시장이 연일 계속되는 매도세에 환율은 불과 한 달 사이 900원에서 950원대로 급등하였습니다. 이 환율이 꺾이기 시작한다는 것은 환율하락 즉 원화가치 절상 외국인 매도세가 줄어들고 있음을 의미하는 지표입니다.

http://finance.yahoo.com/currency/convert?amt = 1&from = USD&to = KRW&submit = Convert → 달러/원화

4. CRS 와 IRS 사이의 스프레드

CRS currency rate swap 과 IRS Interest rate swap의 의미를 설명하려면 스왑 Swap의 의미를 설명해야 하므로 설명이 길어질 것 같아 핵심만을 설명하겠습니다. 달러화와 우리나라 원화 사이의 CRS란 달러를 빌려옴으로 인해서 받게 되는 이자이고 IRS는 국내의 변동 금리와 고정 금리를 바꿀 때 필요한 금리입니다. 대략 CRS는 달러 조달 비용으로, IRS는 원화조달 비용으로 생각하면 됩니다. 최근에 원화가 급등하고 달러화 수요가 늘었기

에 달러조달비용CRS 원화조달비용IRS의 차이를 예의주시할 필요가 있습니다. 두 스프레드가 넓어지지 않으면 우리나라 국채로 투자 자금이 흘러가는 달러화가 줄어들고 주식 시장이 저평가되어 있다면 주식 시장으로 투자자금이 옮겨가게 되고, 스프레드가 넓어지면 확실한 시세 차익을 노릴 수 있는 우리나라 국채 시장으로 투자가 될 것입니다.

5. 국내 단기 자금 시장 및 3년 5년 수익률 곡선

지난 11월 말 및 12월 초의 급격한 단기 국내자금 부족현상으로 인해 CD 금리를 높게 발행하였는데, 이는 곧 주식 투자 매력 감소, 단기 채권 투자 매력도 증가를 의미합니다. 단기와 중장기의 국내 수익률 곡선을 꼭 참고하여 주식 VS 채권의 평균 투자 수익률을 비교 판단하여야 합니다. 아래는 우리나라 단기 시장과 중장기 수익률을 볼 수 있는 인터넷 주소입니다. 화면 오른쪽의 수익률 등을 시간에 따라 연결하면 수익률 곡선이 도출됩니다. http://www.kmbco.com/

6. 국내 주식 시장의 수급 상황

각종 차트나 이동평균선Moving average이 어떻고 데드크로스가 일어났다는 등의 사후적인 의미보다는 거래량이 현저하게 줄어들고 있고활황 시 일일 거래량 10조 가량에서 1800대 8조에서 현재 6조원대로 점차 하락하고 있음 평일 거래량이 5조 원대로 줄어들면 대량의 투매 현상이 국내 상황에서는 거의 마무리되어 가고 장기 투자자나 대주주 혹은 연기금 등의 안전판 역할을 하는 하방 경직성을 가진 투자자들이 버티고 있다고 보면 됩니다. 즉 "일일 총

거래 대금이 얼마나 줄어들었는가?" 하는 점이 국내 증시 하락세 지속 여
부의 하나의 방향타가 되어 줄 수 있습니다.

7. 외국인 매도세

외국인 매도세는 'Sell Korea'라기보다는 급한 불을 끄기 위한 것으로
볼 수 있습니다. 즉 이머징 마켓에서의 이익 실현 + 유동성이 풍부한<sub>선물,
옵션등 거래가 많음</sub> 나라에서의 이익 실현 + 이머징이라고 보기 어려운 우리나
라의 비율을 줄이고 보다 역동성이 높은 시장의 비율을 높이는 등 3박자
가 맞아 들어가 매도를 하는 것입니다. 한국의 장기 추세가 죽었다고 보
기는 어렵습니다. 외국인 매도에서 매수가 3일 연속 등 의미할 만한 수준
으로 들어온다면 매도세는 줄었다고 보면 됩니다.

중국 시장 더 달릴 수 있나?(2008년 2월 2일)

2004년 8월에 컨설턴트 일을 시작한 이후 KOSPI 200 지수 투자를 위
한 ETF와 BRIC's 투자는 고객들에게 거의 공통적으로 권해드렸던 단골
포트폴리오였습니다. 우리나라 ETF는 여전히 유효하지만 중국의 경우
2007년 초부터 대부분 투자하지 말 것을 권했음에도 중국 시장은 지난
2007년에 미친 듯이 달렸습니다. 물론 최고점 대비 30%에 육박할 만큼
충분히 조정을 받았기에 재반등할 것이라며 투자 포지션을 유지하라는
사람도 있지만 비싼 시장에 들어가지 않았으면 하는 바람에 제 고객에게
는 투자하지 말고, 투자 포지션을 가지고 있다면 냉철하게 생각해서 포지
션을 빼도록 권했습니다. 물론 2007년 초에 장에서 빠져나온 이후에도

중국은 60-70%를 상승했습니다. 그러나 개인적인 사견임을 전제로 올 한 해에는 중국을 필두로 비싸게 거래되는 Emerging market을 쳐다보지 않았으면 합니다. 다음은 그 구체적인 근거들입니다.

근거 1. 과장된 명목 경제 성장률

중국은 최근 몇 년간 두 자리 수의 GDP 성장률을 나타냈습니다. 주가는 경제에 대한 선 반영이기에 최근 몇 년간의 두 자리수 경제 성장률은 중국이 세계 공장의 역할을 했음을 나타냅니다. 간단하게 GDP 성장률이 10% 정도이고 은행 금리가 4% 대에 머물고 있었기에 명목으로만 따지면 평균 4%로 조달해서 10%의 성장을 했다고 할 수 있습니다. 하지만 중국이 유럽과 미국과 같은 나라인가요? 미국과 유럽 등 선진 시장이 4%대의 금리에 있고 경제 성장률이 4-5%이고 중국이 10%의 경제 성장을 함에 따라 주가는 급상승을 했지만 냉철하게 보면 10% 대의 경제 성장과 4%의 금리 수준은 지속될 수 없습니다. 시장 경제에 맡겨진 고도성장이라기보다는 중국 정부에 의한 지나친 통화 팽창_{선진국과 같은 4% 수준의 금리}과 경제 성장률을 따라가지 못하도록 낮은 임금 수준에 머물러 있던 노동 임금의 제한 등으로 두 자리 경제 성장률을 나타낸 것입니다. 그것은 자유 시장 원칙에 위배되는 정부의 인위적인 통화 팽창 및 체력에 맞지 않는 낮은 금리 수준, 통제되는 임금 수준 등에 의한 조금은 과장된 경제 성장률이라고 생각됩니다. 즉 장기간 실질 금리 마이너스 수준으로 인해 소액 투자자가 갈 곳은 주식 시장 밖에 없기에 주식 시장은 over shooting 될 수밖에 없었습니다.

근거 2. 지나친 주가 수준

주가는 흔히 경기 선행지수라고 합니다. 향후 중국이 계속 발전될 가능성이 있기에 미리 투자를 한 것이지요. 중국 주식 시장을 하나의 주식이라고 보고 투자의 기본에 기본이라고 할 수 있는데 단기 변화율은 장기 변화율에 수렴하기 마련입니다. 쉽게 표현해 삼성전자가 좋은 기업이고 우리나라 평균 성장률이 5%인데 이 기업이 10%로 5년 간 성장하고 주가는 10% 이상 매해 상승했다 할지라도 삼성전자는 이 상승세를 계속 유지할 수 없습니다. 만약 삼성전자가 우리나라 기업 평균 수익률보다 5% 넘게 계속 커나갈 수 있다면 우리나라 모든 기업은 삼성전자 하나 밖에 남지 않게 될 것입니다. 이 논리를 확장하면 중국이라는 주식 하나가 계속 커나가면 전 세계 주식 시장은 중국 주식 하나 밖에 남지 않게 되는 것과 동일합니다. 아래 표는 제가 첨부한 자료에서 Excel 작업을 한 것입니다.

	PER	주가 수익률	금리수준	인플레수준	GDP 성장률
한국	11	9.09%	5.20%	3%	5.50%
중국	54.1	1.85%	4.00%	6.80%	10%
일본	14.3	6.99%	0.50%	0%	1.00%
미국	16.8	5.95%	3.00%	2%	2.80%

2007년 초 이미 PER 40이 넘었고, 중국의 경우 최고점에서 PER 70에 육박했다가 현재 PER 54 수준으로 PER의 역산 즉 주가 수익률은 1.85% 입니다. 즉 중국 주식 시장에 투자하면 평균 1.85% 정도의 수익을

예상할 수 있고 투자 원금이 회수되기까지 향후 1억 원을 투자하면 54년 이후에 내 원금이 2배가 됨을 의미합니다. 주식 시장은 PER 하나로만 고평가 저평가될 수 없지만 물가 상승률보다 낮은 금리 수준으로 인해 해외 투자자를 제한해 놓은 상태에서 중국 사람들은 은행의 낮은 금리에 너나 할 것 없이 주식 시장에 뛰어들었을 것입니다. 중국 정부에 의해 통제되는 완전 자유시장이 아닌데다 부동산 등에 고액 투자를 할 수도 없는 상황인지라 일반인의 재산 증식 수단이 주식 시장 밖에 없는 것입니다. 또한 금융 시장 개방도도 낮고 투자자들의 교육 수준도 낮은 시장인지라 현재 중국 주식의 주가가 얼마나 높은 수준인가를 가늠할 순 없습니다. 그러나 이 수준은 절대로 계속 유지될 수 없습니다. 장기간 실질금리 마이너스 수준_{명목금리 4%, 인플레 6.5% = -2.5%}과 해외 투자자 제한을 둔 주식 시장에 당연히 돈이 몰릴 수밖에 없습니다. 즉 기업에 대한 미래 가치 반영이기보다는 장기간 마이너스 실질 금리에 따른 소액 투자자들의 돈이 흘러갈 곳이 주식 시장 밖에 없기에 지금의 주가 수준이 형성되고 있는 것입니다.

근거 3. 인플레 압박 및 줄어드는 유동성

명목 이자율로 보면 터키 15%, 뉴질랜드 7%, 브라질 10%, 파키스탄 10%인데 중국은 4% 대입니다. 금리 수준이 낮다는 것은 고도성장이 마무리되고 적정 생산 시대에 들어선 저성장 국가라고 보면 되며 그것은 또한 한나라의 장기 체력과 같다고 볼 수 있습니다. 지금의 두 자리 경제 성장률은 평균 17%에 달할 정도로 급격한 통화 증가율_{흔히 M2 라고 표현함}에 힘입은 바 큰데, 이로 인한 부작용으로 인플레 압박지난 한해 코어 인플레가 7 % 가까이 올라감)의 부메랑이 되어서 날아오고 있습니다. 첨부한 서류에도 나와 있지만 이러한 인플레 압력을 억제하기 위해 중국 정부가 통화량 조절에 나서고 있고 이로 인해 중국 은행 간 금리인 Repo 금리는 3.8%대에서 지난해 11월 2배로 수직 상승하였습니다. 국내 기업의 중국 내 자금 조달이 평균 LIBOR + 60bp 정도에 불과하였으나 최근에는 LIBOR + 300bp로 급등하였습니다. 중국 정부 또한 총 대출 규모를 지난해보다 줄이고 있습니다. 즉 체력에 비해 낮은 금리 수준과 통화량 증가가 인플레를 증가시키는 결과를 초래했고, 이제는 통화량을 줄이기 위해 대출 규모 축소와 시장에서 Repo 금리 급등으로 이어지고 있습니다.

근거 4. 미국의 경기 침체 & 실질실효 환율

2002년 이후의 세계 경제를 아주 간단하게 단순화하면 공장 나라 중국과 소비 나라 미국의 양대 산맥이라 표현할 수 있습니다. 주제 파악 못하는 국민들의 과소비에 따른 후유증으로 지금 환란을 겪는 미국의 금융 사태가 보다 장기화되어 경기 침체로 이어져 커다란 소비 시장이 줄어들었습니다. 설사 중국의 최대 수출국인 미국이 침체에 들어가지 않았더라도 중국의 향후 교역 조건은 현재보다 결코 나아질 수 없습니다. 최근 중국 정부가 성장 위주의 정책에서 탈피해 분배 정책을 강조함에 따라 향후 임금 상승률은 높아질 것입니다. 최근의 인플레 급등은 실질실효 환율Real Effective Exchange rate 면에서 주변 교역국에 약세를 가져올 수밖에 없습니다. 중국의 급격한 인플레로 인한 주변 교역국과의 실질실효 환율의 의미를 살피면 현재 세계 최대의 공장인 중국의 평균 생산 단가가 올라가고^{임금, 원자재, 통화} 주요 바이어^{미국, 유럽 등 주요 수출 대상국}가 침체기에 들어간 상태에서 중국이란 공장이 더 좋은 교역 상태로만 머물러 있을 수 없습니다. 종합하면 중국은 불안하게 달리고 있는 자전거에 비유할 수 있습니다. 아직까지 중국 시장에 미련이 있다면, 그것을 잠시 접어뒀다가 다시 들어가길 바랍니다. 물론 비싼 시장이 더 비싸지지 말란 법도 없지만 Finance를 전공한 사람으로서는 미련을 버리고 잠시 잊기를 권고 드립니다. 조정을 받았음에도 여전히 비싼 시장이 유동성도 줄어들고 교역 조건도 나빠지고 있습니다. 비록 지난해 100%의 수익을 올렸다 해도 이것만 보지 말아야 합니다. 100% 수익을 충분히 낼 수 있는 다른 투자 기회의 장이 여럿 있을 수 있기 때문입니다.

세계가 태풍의 소용돌이에 빠져 들려나 봅니다(2008년 9월 30일)

워낙 중대한 사안이 산재해 있는 날인지라 미국 시간에 맞춰서 표결 결과를 지켜보고 있었습니다. 그리고 상상도 하지 못한 일이 일어났습니다. 금융 구제 안이 미국 하원 표결에서 부결되었습니다. 전 세계는 엄청난 소용돌이에 빠져들 듯합니다. 비록 구제 금융이 현재 통과되진 못했지만 다시 법안을 다듬어서라도 분명 통과될 수밖에 없습니다. 너무나 지나치게 변동이 심한 장세인지라 당분간은 Research만 하고 메일을 지양하겠습니다.

환율 : 여러 번 말씀 드렸지만 올해의 최고 투자처는 여전히 환율입니다. 우리나라 금융 시장은 선진 시장에 가까운 어른 주식 시장, 재정 거래

유인 등으로 외인비율이 최근 늘고 있는 청소년 채권 시장, 걸음마 수준에 지나지 않는 꼬마 환율 시장 정도의 규모로 비유할 수 있습니다. 최근 환율의 폭등 장세는 TED 스프레드(LIBOR 3개월 – 미국채 3개월)가 급작스럽게 확대된 점에서 단초를 찾을 수 있었습니다.

구분 :	USD 3M...	USD 6M...	GBP 3M...	EUR 3M...	JPY 3M
2008년					
09/26일	3.76188..	3.87625..	6.25500..	5.13875..	0.94125
9/25일	3.76875..	3.97500..	6.27625..	5.11125..	0.92125
9/24일	3.47625..	3.70125..	6.20000..	5.06250..	0.90625
9/23일	3.21125..	3.46500..	6.06500..	5.05250..	0.90000
9/22일	3.19750..	3.42875..	6.01000..	5.02500..	0.90000
9/19일	3.21000..	3.45750..	6.00000..	5.00375..	0.90000
9/18일	3.20375..	3.38500..	5.97750..	4.99500..	0.90000
9/17일	3.06250..	3.25250..	5.87125..	4.97375..	0.90375
9/16일	2.87625..	3.01625..	5.79125..	4.96625..	0.89250
9/15일	2.81625..	3.00125..	5.71500..	4.96563..	0.88563
9/12일	2.81875..	3.08938..	5.70375..	4.95188..	0.88750
9/11일	2.81875..	3.08438..	5.70750..	4.95438..	0.88863
9/10일	2.81875..	3.08750..	5.71688..	4.95313..	0.89238
9/09일	2.81813..	3.09688..	5.72688..	4.95500..	0.89613
9/08일	2.81688..	3.12250..	5.73700..	4.95500..	0.8975

미국의 구제 금융 프로그램이 법안에 상정되었지만 금융권 간에 거래되는 리보 금리 전체가 상승수익률 곡선 자체가 1% 넘게 수평으로 상승 〉 금융권 불신감 팽배하고 국채 수익률은 하락하게 됨으로 인해서 TED 스프레드가 급격히 확대되었습니다. TED 스프레드 확산과 미국내 신용 스프레드회사채 BBB 회사채 AAA간 스프레드도 급격히 확대 되었습니다. 미국과 유럽 등에서조차 달러를 구하려면 웃돈을 불과 열흘 사이에 100 BP 넘게엄청난 수치입니다 줘야 할 만큼 급등해 해외에서도 달러 차입에 애로를 겪고 있는 상황입니다.

1. 경상수지 8월까지 적자 115억 달러.

2. 연초 이후 외국인 주식 매도 34조 원450억 달러.

3. KIKO로 인한 중소기업 등 대규모 환 손실에 대한 달러 수요.

4. 분기말, 월말 결제에 대한 수요 증가.

5. 총 외환 보유고 2500억 달러 가량에서 단기 외채가 높은 1600억 달러에 해당.

6. 연말까지 350억 불 넘는 결제가 수요로 인해 매수세만 있고 매도세는 실종된 상황.

7. LIBOR 금리 급등에 따른 외국인의 채권 재정 거래 수요 감소.

8. 수출 공사 5억 불 매수에도 장이 전체적으로 흔들릴 만큼 거래량도 급감한 상황.

9. 외환 시장에서 대형 딜러에 의해 환율이 좌지우지 되는 미성숙된 시장

10. 10월 1일 발표될 경상수지 적자에 대한 우려감.

위의 이유들이 결합되어 환율이 4년 5개월 전으로 돌아갔습니다. 이 상

태라면 1200원 이상은 기정사실이 될 것이며, 구제 금융이 부결된 상황에서 1300원 이상도 열어 둬야 할 듯합니다. 좀 더 패닉 상태가 지속되면 우리나라를 포함한 단기 외채 규모가 큰 나라이면서 경상수지 적자가 지속되는 국가는 제 2의 IMF를 겪을 수도 있습니다. 현 시점에서는 Cash or Gold가 가장 확실한 투자 수단이 될 듯합니다. 하지만 널뛰기 환율 시장과 널뛰기 채권 시장이 진행될 것이므로 저는 계속 환율 부분을 눈여겨 보겠습니다. 지금은 주식시장보다 과열로 치닫고 있는 원화의 절대 약세 가속화가 더욱 큰 투자 메리트 같습니다. 대다수가 예상치 못한 결과로 인해서 미국 주식 시장이 패닉에 빠지고 안전 자산 선호 현상은 더욱 깊게 진행될 것입니다. 위험을 즐기는 Risk taker에게는 더할 나위 없이 좋은 장이 되겠지만 원금 보전을 우선시하는 절대 보수 투자자라면 Cash Value를 높이길 늦게나마 권해 드립니다. 하지만 저는 개인적으로 High Risk High Return이고 큰 수익은 일반적인 상승장이 아닌 급격한 하락장에서 나옴을 알기 때문에 꼭 상승 방향만이 아닐지라도 좋은 투자의 기회가 진행되고 있다고 생각합니다. 서브프라임 부실 자산에 대해 미국이 자본조달에 어려움을 겪던 상황이 어느 정도 가닥을 잡아가고 있는 듯했는데, 최근엔 유럽에서도 자본조달에 어려움을 겪고 있어서 구제 금융이 실시되기도 했습니다. 지난주의 예상과 달리 일반 투자자는 대규모 투자를 단행하기보다 관망 자세를 유지해야 할 듯합니다. 또한 우리나라의 경우 환율 시장이 워낙 미성숙한 단계에 있으므로, 달러 품귀가 전 세계적으로 진행될 경우 환율은 더욱 급등할 것입니다. 해외 자본 유출을 막기 위해서 정부에서 울며 겨자 먹기로 금리를 올릴 경우 우리나라는 정말 어려운 상황에 다시 직면하게 됩니다. 어느 정도 현금을 보유해 위험에 충분히 대비하기 바랍니다.

아직은 조정이 더 올 수 있습니다(2008년 12월22일)

미국 VS 한국

비슷하게 흘러가고 조정이 한번 정도 더 올 듯합니다. 아래 표는 미국 금융 시장의 블룸버그 Data입니다.

http://www.bloomberger.com/markets/rates/keyrates.html

	CURRENT	1 MONTH PRIOR	3 MONTH PRIOR	6 MONTH PRIOR	1 YEAR PRIOR
Federal Reserve Target Rate	0.25	1	2	2	4.25
Prime Rate	3.25	4	5	5	7.25
1-Month LIBOR	0.47	1.41	3.19	2.48	4.93
3-Month LIBOR	1.5	2.17	3.21	2.8	4.91
5-Year AAA Banking & Finance	5.34	5.89	5.84	4.96	4.66
10-Year AAA Banking & Finance	5.9	7.27	6.85	5.92	5.4
spread(AAA-target)	5.65	6.27	4.85	3.92	1.15

미국이 최근에 금리를 거의 제로 수준까지 내렸습니다. 앞으로 금리를 통한 통화 정책은 더 이상 기대할 수 없다는 뜻입니다. 하지만 중요한 핵심은 정책금리는 내려왔지만 시중 회사채 금리는 여전히 무척 위험한 수준에 있다는 점입니다. 신용 문제가 불거졌고 그러한 이유로 금융 시장이 큰 타격을 받았고 이제는 실물 경제가 타격을 입고 그 실물 경제 타격이 다시 금융 시장을 타격할 수 있는 악순환의 고리가 한번 정도 더 전개될 수 있을 듯합니다. 우선 큰 글씨로 해 놓은 정책 금리와 미국 5년 금융채와의 스프레드는 큰 파고가 있었던 600 BP이상은 아니지만 여전히 매우 높다고 볼 수 있습니다. 550 BP에 해당하는 매우 위험한 수준입니다. 또한 최근에 미국 기업의 도산이 크게 증가하고 있지는 않지만 미국 기업의 도산 확률이 아주 높은 증가세를 나타내고 있습니다.

서브프라임 손실로 인한 금융권의 부실을 통한 전 세계 자산 가치 폭락의 과정은 우선 일단락되어 간다고 볼 수 있습니다. 이는 미국을 비롯한 전 세계 각국이 사상 초유의 동시다발적인 금리 인하 정책과 통화 공급을 한 효과라고 볼 수 있습니다. 하지만 현재 낮은 정책 금리와 달리 미국 시장의 회사채와 금융채 등 시중 금리는 여전히 높은 수준입니다. GM을 비롯한 자동차 3사의 부도 확률이 급등한 반면 높은 시중 금리를 정책금리 인하로 내릴 수도 없어서 미국 정부는 양적완화 정책이라고 하여 직접 회사채나 금융채 등을 매입하는 방향으로 시중 금리를 끌어내리려 하고 있습니다. 만약 그러한 정책이 효과를 보지 못할 경우 미국 가계 & 기업의 부실화는 현실로 나타나고 가계의 부실(카드 연체율 상승 및 집값 하락 지속)과 기업의 도산 증가(CDS 매도자의 경우 대규모 손실)가 현실로 이뤄질 경우 제 2의 서브프라임이 나타날 개연성도 있습니다. 한국도 양상은 비슷합니다.(정책금리와 회사채 사이의 높은 스프레드 위험성 상존 & 국고채 3년물 통안채 2년 간 역전, 유동성 선호 현상도 여전함.) 최근에 Call금리를 거의 사상 최저 수준인 3%까지 내렸지만 여전히 회사채 AA의 경우 8%에 육박하는 상황입니다. 미국과 똑같이 정책 금리는 내릴 만큼 내리고 있지만 시중 금리는 내려오지 않은 상황입니다. 미국의 경우 집값 하락이 가장 큰 이유로 금융권 손실을 어느 정도 확정된 단계에 있다지만 한국의 경우는 어찌보면 더 위험한 상황으로 전개될 확률도 있을 듯합니다.

2005년 초부터 향후 자통법 등 금융권의 몸집 불리기를 위해 부채를 크게 늘렸고(주로 해외에서 조달), 이렇게 조달된 자금은 가계보다는 PF나 기업으로 많이 대출되었는데 무엇보다 현재의 예대율이 130%에 육박하는 것이 큰 문제였습니다. 이러한 문제점은 현재 상황에서 아직 해결되지 못했습니다. 최근 10여 일 간의 연말 Rally는 미국의 금리 인하에 따른 달러 약세 + 국내 정책 금리 인하에 따른 유동성 랠리라고 볼 수 있습니다. 하지만 현재 지수를 끌어 올리는 실제 주체는 사실 외국인이 아닌 프로그램입니다.

최근 열흘 간의 국내 주식시장을 보면 외국인은 완전히 매수로 돌아섰다 단정할 수 없으며 그 동안 지수를 꾸준하게 끌어올린 것은 다름아닌 프로그램 매수였습니다. 즉 프로그램 매수는 현물과 선물 사이의 차이인 Basis에 따라 선물이 비싸면 선물을 팔고 선물에 비해 저평가된 현물을 사고 만기에 선물을 매수하고 현물을 매도하는 기계적인 움직임입니다.

미 달러 인하 + 국내 정책금리 인하 + 연말 배당 이라는 세 가지 효과가 함께 외국인의 소규모 매수 + 대량의 프로그램 매수로 지수를 끌어 올렸지만 내년 1/4분기에 국내 금융 시장은 충분히 더 조정을 받을 듯합니다.

날짜	종가	등락	외국인 순매수	프로그램 순매수	프로그램 잔고
기간 합			12,720	31,908	
2008-12-19	1,180.97	▲ 5.06	2,331	1,789	61,882
2008-12-18	1,175.91	▲ 6.16	79	5,904	61,785
2008-12-17	1,169.75	▲ 8.19	1,304	697	58,924
2008-12-16	1,161.56	▲ 3.37	−596	−422	59,172
2008-12-15	1,158.19	▲ 54.37	975	3,409	59,654
2008-12-12	1,103.82	▼ 50.61	115	243	57,217
2008-12-11	1,154.43	▲ 8.56	−1,152	2,268	57,479
2008-12-10	1,145.87	▲ 40.03	3,361	5,208	59,473
2008-12-09	1,105.84	▲ 0.79	1,992	370	56,662
2008-12-08	1,105.05	▲ 76.92	1,146	4,969	57,289
2008-12-05	1,028.13	▲ 21.59	−63	3,748	52,394
2008-12-04	1,006.54	▼ 16.13	−99	81	49,047
2008-12-03	1,022.67	▼ 0.53	−1,438	−2,523	49,883
2008-12-02	1,023.20	▼ 35.42	−97	−249	51,192
2008-12-01	1,058.62	▼ 17.45	338	−1,336	52,339
2008-11-28	1,076.07	▲ 12.59	2,756	3,946	53,789

2008-11-27	1,063.48	▲ 33.70	1,939	1,637	51,896
2008-11-26	1,029.78	▲ 46.46	1,186	2,313	
2008-11-25	988.32	▲ 13.18	−524	2,082	49,827
2008-11-24	970.14	▲ 33.59	−833	−2,226	48,002

　위의 표에 나타나듯 외국인은 미국의 금리 인하 기정 사실로 인한 달러 약세에 따른 Emeging Market 자산을 샀습니다(국내 주식 매입). 게다가 국내 기관의 경우 실제 매수로 주식을 샀다기보다는 단지 프로그램 매수에 우호적 환경이 되고(금리 인하에 따라 현물과 선물 간의 보유비용 감소 + 연말 배당에 따른 배당 메리트) 연말 배당 메리트로 인해서 개별기업 저평가 여부에 따른 매수가 아닌 현물과 선물 사이의 괴리에 따른 프로그램 매수로 한달 간 주식을 매입해 두었습니다. 이렇게 기계적으로 매입된 주식은 연말 배당락이 실행되거나 시장이 충격을 받아 베이시스가 악화되면 대량으로 출회될 여지가 있습니다. 즉 지금 비록 기관이 주식 시장 상승을 이끌었다고 하지만 기관은 단지 주식 시장의 방향성을 가지고 매수하기보다 현물과 익월물의 차이인 베이시스를 따먹기 위한 무차익 거래로 지수 상승을 이끌었습니다. 외국인 또한 미국 시장 여부에 따라 사고팔고를 반복하는 방향성을 보여주지 못하고 있습니다. 제가 판단하기에 지금 주식을 추가 매입하는 것은 그리 좋은 방법이 아닐 듯합니다. 6개월 이내 투자를 생각한다면 지금은 좋은 주식 투자 시점이 아닙니다. 제 판단에는 언젠가 실물 침체에 따른 금융 시장을 한 번 정도 크게 조정할 개연성이 높아 보입니다. 2-3년을 내다보는 투자자라면 현재 시

점도 그리 나빠 보이지 않습니다만 한 번 정도의 충격은 충분히 감안하시는 것이 좋을 듯합니다. 적어도 더 싸게 주식을 살 기회는 한 번 정도 충분히 올 듯합니다.

원유 & 러시아(원유 + 루블화)에 투자(2008년 2월 10일)

원유

1-2년이 아닌 보다 장기적 관점에서 2-3년을 내다보고 투자하기 좋은 자산은 원자재 시장이라 생각됩니다.

유가 상승 요인

· 글로벌 유동성 위기가 끝나고 나면 달러는 장기적 관점에서 약세 추세이다. 대부분의 원자재는 달러로 거래되고 일반적으로 달러와 반대로 움직인다

· 신용 경색이 완화되면 초 저금리에 따라 채권은 높은 수익을 보장하지 못한다. 세계적 초 저금리는 더 이상의 안전채권의 메리트가 없음을 의미한다

· 원자재의 경우 급격하게 늘릴 수 있는 공산품이 아니다. (최근의 공급과잉이 해소되면 다시 공급부족을 불러오지만 공급은 비탄력적이다)

· 비걸프 유전국가의 재정 균형을 위한 유가는 80$/배럴, 걸프 유전국가는 $50/달러이다. 오일머니를 통한 국가의 기본을 유지하기 위해서는 현재의 유가는 오래 지속되기 힘들다

· 근해 유정의 경우 개발이 거의 끝났고 심해 유전 개발의 경우 70$/배럴 이상이어야 한다. 2000년대 이후에 oil rig 개발은 현저히 감소되었으나 이머징의 수요는 앞으로도 늘어날 것이다

·참고 자료이나 각 연구 기관의 2009년 평균 유가는 70$/배럴에 해당된다.

·다른 원자재와 달리 원유는 OPEC라는 강력한 공급 카르텔 기구가 있다.

·대부분 청산되었던 원유의 투기적 선물 매수가 최근 늘어나고 있다.

유가 하락 요인

·글로벌 침체가 장기화될 경우 수요 감소.

·OPEC의 감산 이행율이 평균 80%대가 아닌 50% 미만일 경우.

·큰폭의 원유 재고량 증가.

·중 단기 금융 위기 지속에 따른 달러화 강세가 지속될 경우.

러시아 IMF이거나 고수익

작년 9월 이후 푸틴을 필두로 한 러시아 당국은 유가를 따라 급등했던 러시아 루블화에 인위적 조작을 가했다. 5차례의 디벨류에이션Devaluation을 단행한 것이다. 급등한 통화가치 재조정을 위해서였다. 하지만 상황은 급반전해서 작년 7월 말까지만 해도 배럴당 140달러를 호가하던 유가가 현재 40달러 선으로 급락한 가운데 러시아 루블화 또한 7월 저점 대비 30.64% 폭락했다. 최근 RTS지수는 작년 5월 25일 고점 2498.10 대비 80% 가량 폭락한 상황이다.

주요 신흥국 2009년 기업실적 예상

	한국	중국	인도	브라질	러시아
기업이익 증가율(%)	9.66	6.49	11.73	2.36	-16.77
PER(배)	10.04	8.77	9.58	6.43	3.45
PBR(배)	0.94	2.02	2.17	1.33	0.59

	홍콩	대만	싱가포르	태국	필리핀
기업이익 증가율(%)	-11.04	-41.68	-10.41	-7.72	9.77
PER(배)	9.76	22.33	10	7.53	10.4
PBR(배)	1.42	1.25	1.11	0.97	1.34

BRIC's 중에서 러시아와 브라질은 원자재로 대변되고, 우리와 가장 유사한 경제 구조를 가진 나라는 인도입니다. 메일을 쓰고 있는 2009년 2월 10일 현재 러시아의 RTS지수는 고점대비 75% 이상 하락한 상태이며 러시아 루블화는 유가가 강세를 띠던 지난해 고점 대비 거의 40% 가까이 하락한 상태입니다. 러시아의 경우엔 대부분이 원자재, 그 중에서도 유가와 큰 관련이 있는 주식 시장으로서 원유 + 루블화에 투자를 고려한다면 현재의 러시아 시장에 관심을 가져보라고 권하고 싶습니다. 하지만 현재의 러시아 주식 시장의 주가 수준이 분명 매력적이지만 최근에 급격한 외환보유고 감소와 루블화의 추가 약세가 지속될 개연성도 높은 만큼 충분히 위험을 인지하고 투자에 임하여야 합니다. 현재 루블화 추가 약세를 막기 위해 러시아의 시중 금리는 20%가 넘으며 10년 국채는 8% 정도에

거래되고 있습니다. PBR = 0.5는 분명 매력적인 주가 수준입니다. 루블화의 약세 및 기업들의 예상 순이익이 크게 감소로 돌아설 개연성도 크지만 러시아가 1998년처럼 모라토리엄을 선언하지 않는 한 현재의 주가 수준은 위험을 어느 정도 감내하더라도 투자할 만큼 매력적입니다. RTS 500 근처의 지수는 상당한 매력을 가진 주가 지수입니다. 보다 상세한 러시아의 현황(2008년 12월 자료)을 참고하세요.

원유 투자를 고려할 경우

1. 직접 투자를 고려한다면

해외 선물 계좌를 오픈 → 예치금 입금 → 크루드 혹은 브랜트 wti 등 원유를 매수합니다.

2. 원유 지수를 추적하는 원유 ETF에 투자

대부분의 ETF지수에 투자 하는 것는 시세차익에 관해 비과세로 유리하나, 기축통화인 달러로 투자되어야 하기에 현재의 달러 가치가 그리 낮다고 볼 수 없습니다. 환헷지에 대한 우려가 남을 수 있고, 개인적으로 포지션을 구축하기엔 소액 개인 투자자 입장에서는 어렵습니다.

3. 원유 & 원유 관련 회사 Fund 투자

대부분 원유 관련 펀드 투자는 원유 자체보다는 원유 관련된 기업에 투자하는 경우가 대부분입니다. 원유값이 오르면 대부분 관련 회사의 수익도 늘어나겠지만 정확하게 내 펀드의 수익이 얼마나 될지 가늠하기 어렵습니다.

4. 원자재 펀드

CRB지수 혹은 MSCI COMMODITY INDEX 등의 원자재 전반에 투자하는 펀드를 통한 투자도 고려하십시오.

투자를 확대해도 좋을 것 같습니다(2009년 3월 11일)

투자 비중이 확대되어도 좋을 듯합니다. 금융위기가 실물위기로 전이되고 있고 세계 교역량은 크게 줄고 있고, 금을 제외한 대부분의 자산 가치가 하락하고 있습니다. 서브프라임이 터졌을 때에 저는 서브프라임후순위채, 중순위채 Mezzanie, 선순위채 Prime 중에서 대부분 선순위채만을 대상으로 채권을 발행하는 프레디맥이 손실을 입었다는 기사를 보고 결코 작은 사건이 아님을 느꼈는데 아래 기사는 비슷한 단초를 제공하고 있습니다.

G20 재무장관들은 작년 11월15일 워싱턴 정상회의 이후 논의된 결과를 토대로 금융기관의 BIS 비율을 경기 순응성을 감안, 호황기에는 높게 가져가고 불황기에는 낮춘다는 원칙에 합의할 예정이다. 예컨대 호황기에는 10%, 불황기에는 6%로 나눠 운용할 경우 불황기에 대출을 통한 경기 진작 역할을 기대할 수 있다는 점을 감안한 것이다

달러와 유로화, 엔화 이 세계 3대 통화가 대부분 제로 금리 정책을 펴고 있고 각국에서 돈을 엄청 뿌려대고 있음에도, 금융권에서 돈이 돌지 않는 이유는 BIS비율을 최소한은 맞춰야 하고, 부실 자산 상각액이 늘었기에 나라에서 금융권에 돈을 조달해줘도 그 돈 대부분이 부실 자산을 상각하는데 쓰이기 때문입니다. BIS 비율을 맞춰야 하는 급선무로 인해서

시중의 대출을 죄고 부실 자산을 상각한 이후에 신용 확대, 즉 가계나 기업으로 돈이 돌게 됩니다. BIS 12% → 10%로, 불황기에 8% → 6%는 수치상으로도 엄청난 효과가 있습니다. 단순하게만 비교할 순 없지만 자기 자본 비율 8%는 12.5배의 신용 창출을 일으킵니다. 자기 자본 비율 6 %로 할 경우엔 1/0.06으로 16배의 신용 창출을 할 수 있고, 또한 부실 자산을 상각하는 범위도 그만큼 줄어들게 됩니다. 즉 앞으로 BIS 비율을 맞추기 위해 고사위기에 있는 기업을 옥죄거나 대출 연장 불가를 하지 않아도 됩니다. 기업만이 아닌 국가 사이의 금융권의 자금 이동도 그만큼 신용위기가 풀려져 간다는 뜻입니다. 물론 이렇게 규제를 완화한 것이 언젠가 더 큰 거품을 불러일으킬 수도 있겠지만 분명 시중으로 돈은 더욱 많이 풀려나올 것입니다. 실물 위기는 조금 더 확산되겠지만 이제 돈은 돌게 될 겁니다. 위험 자산을 매수해도 괜찮을 듯합니다. 금융주, 건설주, 달러 부채가 많았던 우량 기업, 우량 상호은행 등 신용 위기 완화로 수혜가 될 업종을 매수해두면 좋을 것입니다. 밤 사이 미국에서는 시티 호재로 다우지수가 급등했는데 이번 G20의 조치가 확실시 된다면 확실히 전 세계 금융권 사이에 쌓인 돈이 주식시장, 원자재 시장, 통화 시장 등으로 쏟아질 것입니다.

졸저를 읽어주신 독자들에게 감사드립니다. 고객에게 보내는 E-mail을 향후 받아보고 싶은 독자가 있다면 typeyourid@hanmail.net으로 연락주시거나 www.fcyang.com을 통해 지난 E-mail을 올려 놓겠습니다.

리스타트
금융투자

1판 1쇄 2010년 3월 10일

지 은 이 양석조
발 행 인 주정관
발 행 처 북스토리

주   소 서울 마포구 서교동 483-1 평화빌딩 5층
대표전화 332-5281
팩시밀리 332-5283
출판등록 2006년 9월 5일 (제313-2006-000190호)

홈페이지 www.bookstory.biz
이 메 일 bookstory@bookstory.biz

ISBN 978-89-960474-0-7 13320